卞尺丹几乙し丹卞と

Translated Language Learning

Le Manifeste Communiste

The Communist Manifesto

Karl Marx & Friedrich Engels

© Copyright © 2024 Publisher

All rights reserved

Published by Publisher

ISBN 978-1-83566-174-1

This manuscript by Karl Marx and Friedrich Engels

The Communist Manifesto

First published 1848

www.publisher.com

Français / English

Published by Tranzlaty

ISBN: 978-1-83566-174-1

Original text by Karl Marx and Friedrich Engels

The Communist Manifesto

First published in 1848

www.tranzlaty.com

Un spectre hante l'Europe : le spectre du communisme

A spectre is haunting Europe — the spectre of Communism

Toutes les puissances de la vieille Europe ont conclu une sainte alliance pour exorciser ce spectre

All the Powers of old Europe have entered into a holy alliance to exorcise this spectre

Le pape et le tsar, Metternich et Guizot, les radicaux français et les espions de la police allemande

Pope and Czar, Metternich and Guizot, French Radicals and German police-spies

Où est le parti dans l'opposition qui n'a pas été décrié comme communiste par ses adversaires au pouvoir ?

Where is the party in opposition that has not been decried as Communistic by its opponents in power?

Où est l'opposition qui n'a pas rejeté le reproche de marque du communisme contre les partis d'opposition les plus avancés ?

Where is the Opposition that has not hurled back the branding reproach of Communism, against the more advanced opposition parties?

Et où est le parti qui n'a pas porté l'accusation contre ses adversaires réactionnaires ?

And where is the party that has not made the accusation against its reactionary adversaries?

Deux choses résultent de ce fait

Two things result from this fact

I. Le communisme est déjà reconnu par toutes les puissances européennes comme étant lui-même une puissance

I. Communism is already acknowledged by all European Powers to be itself a Power

II. Il est grand temps que les communistes publient ouvertement, à la face du monde entier, leurs vues, leurs buts et leurs tendances

II. It is high time that Communists should openly, in the face of the whole world, publish their views, aims and tendencies

ils doivent répondre à ce conte enfantin du spectre du communisme par un manifeste du parti lui-même

they must meet this nursery tale of the Spectre of Communism with a Manifesto of the party itself

À cette fin, des communistes de diverses nationalités se sont réunis à Londres et ont esquissé le manifeste suivant

To this end, Communists of various nationalities have assembled in London and sketched the following Manifesto

ce manifeste sera publié en anglais, français, allemand, italien, flamand et danois

this manifesto is to be published in the English, French, German, Italian, Flemish and Danish languages

Et maintenant, il doit être publié dans toutes les langues proposées par Tranzlaty

And now it is to be published in all the languages that Tranzlaty offers

La Bourgeoisie et les Prolétaires
- Bourgeoisie and the Proletarians -

L'histoire de toutes les sociétés qui ont existé jusqu'à présent est l'histoire des luttes de classes

The history of all hitherto existing societies is the history of class struggles

Homme libre et esclave, patricien et plébéien, seigneur et serf, maître de guilde et compagnon

Freeman and slave, patrician and plebeian, lord and serf, guild-master and journeyman

en un mot, oppresseur et opprimé

in a word, oppressor and oppressed

Ces classes sociales étaient en opposition constante les unes avec les autres

these social classes stood in constant opposition to one another

Ils se sont battus sans interruption. Maintenant caché, maintenant ouvert

they carried on an uninterrupted fight. Now hidden, now open

un combat qui s'est terminé par une reconstitution révolutionnaire de la société dans son ensemble

a fight that either ended in a revolutionary re-constitution of society at large

ou un combat qui s'est terminé par la ruine commune des classes en lutte

or a fight that ended in the common ruin of the contending classes

Jetons un coup d'œil aux époques antérieures de l'histoire

let us look back to the earlier epochs of history

Nous trouvons presque partout un arrangement compliqué de la société en divers ordres

we find almost everywhere a complicated arrangement of society into various orders

Il y a toujours eu une gradation multiple du rang social

there has always been a manifold gradation of social rank

Dans la Rome antique, nous avons des patriciens, des chevaliers, des plébéiens, des esclaves

In ancient Rome we have patricians, knights, plebeians, slaves

au Moyen Âge : seigneurs féodaux, vassaux, maîtres de corporation, compagnons, apprentis, serfs

in the Middle Ages: feudal lords, vassals, guild-masters, journeymen, apprentices, serfs

Dans presque toutes ces classes, encore une fois, les gradations subordonnées

in almost all of these classes, again, subordinate gradations

La société bourgeoise moderne est née des ruines de la société féodale

The modern Bourgeoisie society has sprouted from the ruins of feudal society

Mais ce nouvel ordre social n'a pas fait disparaître les antagonismes de classe

but this new social order has not done away with class antagonisms

Elle n'a fait qu'établir de nouvelles classes et de nouvelles conditions d'oppression

It has but established new classes and new conditions of oppression

Il a mis en place de nouvelles formes de lutte à la place des anciennes

it has established new forms of struggle in place of the old ones

Cependant, l'époque dans laquelle nous nous trouvons possède un trait distinctif

however, the epoch we find ourselves in possesses one distinctive feature

l'époque de la bourgeoisie a simplifié les antagonismes de classe

the epoch of the Bourgeoisie has simplified the class antagonisms

La société dans son ensemble se divise de plus en plus en deux grands camps hostiles

Society as a whole is more and more splitting up into two great hostile camps

deux grandes classes sociales qui se font directement face : la bourgeoisie et le prolétariat

two great social classes directly facing each other: Bourgeoisie and Proletariat

Des serfs du Moyen Âge sont sortis les bourgeois agréés des premières villes

From the serfs of the Middle Ages sprang the chartered burghers of the earliest towns

C'est à partir de ces bourgeois que se sont développés les premiers éléments de la bourgeoisie

From these burgesses the first elements of the Bourgeoisie were developed

La découverte de l'Amérique et le contournement du Cap

The discovery of America and the rounding of the Cape

ces événements ont ouvert un nouveau terrain à la bourgeoisie montante

these events opened up fresh ground for the rising Bourgeoisie

Les marchés des Indes orientales et de la Chine, la colonisation de l'Amérique, le commerce avec les colonies

The East-Indian and Chinese markets, the colonisation of America, trade with the colonies

l'augmentation des moyens d'échange et des marchandises en général

the increase in the means of exchange and in commodities generally

Ces événements donnèrent au commerce, à la navigation et à l'industrie une impulsion jamais connue jusque-là

these events gave to commerce, navigation, and industry an impulse never before known

Elle a donné un développement rapide à l'élément révolutionnaire dans la société féodale chancelante

it gave rapid development to the revolutionary element in the tottering feudal society

Les guildes fermées avaient monopolisé le système féodal de la production industrielle

closed guilds had monopolised the feudal system of industrial production

Mais cela ne suffisait plus aux besoins croissants des nouveaux marchés

but this no longer sufficed for the growing wants of the new markets

Le système manufacturier a pris la place du système féodal de l'industrie

The manufacturing system took the place of the feudal system of industry

Les maîtres de guilde étaient poussés d'un côté par la classe moyenne manufacturière

The guild-masters were pushed on one side by the manufacturing middle class

La division du travail entre les différentes corporations a disparu

division of labour between the different corporate guilds vanished

La division du travail s'infiltrait dans chaque atelier

the division of labour penetrated each single workshop

Pendant ce temps, les marchés ne cessaient de croître et la demande ne cessait d'augmenter

Meantime, the markets kept ever growing, and the demand ever rising

Même les usines ne suffisaient plus à répondre à la demande

Even factories no longer sufficed to meet the demands

À partir de là, la vapeur et les machines ont révolutionné la production industrielle

Thereupon, steam and machinery revolutionised industrial production

La place de fabrication a été prise par le géant de l'industrie moderne

The place of manufacture was taken by the giant, Modern Industry

La place de la classe moyenne industrielle a été prise par des millionnaires industriels

the place of the industrial middle class was taken by industrial millionaires

la place de chefs d'armées industrielles entières ont été prises par la bourgeoisie moderne

the place of leaders of whole industrial armies were taken by the modern Bourgeoisie

la découverte de l'Amérique a ouvert la voie à l'industrie moderne pour établir le marché mondial

the discovery of America paved the way for modern industry to establish the world market

Ce marché donna un immense développement au commerce, à la navigation et aux communications par terre

This market gave an immense development to commerce, navigation, and communication by land

Cette évolution a, en son temps, réagi à l'extension de l'industrie

This development has, in its time, reacted on the extension of industry

elle a réagi proportionnellement à l'expansion de l'industrie et à l'extension du commerce, de la navigation et des chemins de fer

it reacted in proportion to how industry extended, and how commerce, navigation and railways extended

dans la même proportion que la bourgeoisie s'est développée, elle a augmenté son capital

in the same proportion that the Bourgeoisie developed, they increased their capital

et la bourgeoisie a relégué à l'arrière-plan toutes les classes héritées du Moyen Âge

and the Bourgeoisie pushed into the background every class handed down from the Middle Ages

c'est pourquoi la bourgeoisie moderne est elle-même le produit d'un long développement

therefore the modern Bourgeoisie is itself the product of a long course of development

On voit qu'il s'agit d'une série de révolutions dans les modes de production et d'échange

we see it is a series of revolutions in the modes of production and of exchange

Chaque étape du développement de la bourgeoisie s'accompagnait d'une avancée politique correspondante

Each developmental Bourgeoisie step was accompanied by a corresponding political advance

Une classe opprimée sous l'emprise de la noblesse féodale

An oppressed class under the sway of the feudal nobility

Une association armée et autonome dans la commune médiévale

an armed and self-governing association in the mediaeval commune

ici, une république urbaine indépendante (comme en Italie et en Allemagne)

here, an independent urban republic (as in Italy and Germany)

là, un « tiers état » imposable de la monarchie (comme en France)

there, a taxable "third estate" of the monarchy (as in France)

par la suite, dans la période de fabrication proprement dite

afterwards, in the period of manufacture proper

la bourgeoisie servait soit la monarchie semi-féodale, soit la monarchie absolue

the Bourgeoisie served either the semi-feudal or the absolute monarchy

ou bien la bourgeoisie faisait contrepoids à la noblesse

or the Bourgeoisie acted as a counterpoise against the nobility

et, en fait, la bourgeoisie était une pierre angulaire des grandes monarchies en général

and, in fact, the Bourgeoisie was a corner-stone of the great monarchies in general

mais l'industrie moderne et le marché mondial se sont établis depuis lors

but Modern Industry and the world-market established itself since then

et la bourgeoisie s'est emparée de l'emprise politique exclusive

and the Bourgeoisie has conquered for itself exclusive political sway

elle a obtenu cette influence politique à travers l'État représentatif moderne

it achieved this political sway through the modern representative State

Les exécutifs de l'État moderne ne sont qu'un comité de gestion

The executives of the modern State are but a management committee

et ils gèrent les affaires communes de toute la bourgeoisie

and they manage the common affairs of the whole of the Bourgeoisie

La bourgeoisie, historiquement, a joué un rôle des plus révolutionnaires

The Bourgeoisie, historically, has played a most revolutionary part

Partout où elle a pris le dessus, elle a mis fin à toutes les relations féodales, patriarcales et idylliques

wherever it got the upper hand, it put an end to all feudal, patriarchal, and idyllic relations

Elle a impitoyablement déchiré les liens féodaux hétéroclites qui liaient l'homme à ses « supérieurs naturels »

It has pitilessly torn asunder the motley feudal ties that bound man to his "natural superiors"

et il n'y a plus de lien entre l'homme et l'homme, si ce n'est l'intérêt personnel

and it has left remaining no nexus between man and man, other than naked self-interest

Les relations de l'homme entre eux ne sont plus qu'un « paiement en espèces » impitoyable

man's relations with one another have become nothing more than callous "cash payment"

Elle a noyé les extases les plus célestes de la ferveur religieuse

It has drowned the most heavenly ecstasies of religious fervour

elle a noyé l'enthousiasme chevaleresque et le sentimentalisme philistin

it has drowned chivalrous enthusiasm and philistine sentimentalism

Il a noyé ces choses dans l'eau glacée du calcul égoïste

it has drowned these things in the icy water of egotistical calculation

Il a transformé la valeur personnelle en valeur échangeable

It has resolved personal worth into exchangeable value

elle a remplacé les innombrables et inaliénables libertés garanties par la Charte

it has replaced the numberless and indefeasible chartered freedoms

et il a mis en place une liberté unique et inadmissible ; Libre-échange

and it has set up a single, unconscionable freedom; Free Trade

En un mot, il l'a fait pour l'exploitation

In one word, it has done this for exploitation

Une exploitation voilée par des illusions religieuses et politiques

exploitation veiled by religious and political illusions

l'exploitation voilée par une exploitation nue, éhontée, directe, brutale

exploitation veiled by naked, shameless, direct, brutal exploitation

la bourgeoisie a enlevé l'auréole de toutes les occupations jusque-là honorées et vénérées

the Bourgeoisie has stripped the halo off every previously honoured and revered occupation

le médecin, l'avocat, le prêtre, le poète et l'homme de science

the physician, the lawyer, the priest, the poet, and the man of science

Il a converti ces travailleurs distingués en ses travailleurs salariés

it has converted these distinguished workers into its paid wage labourers

La bourgeoisie a déchiré le voile sentimental de la famille

The Bourgeoisie has torn the sentimental veil away from the family

et elle a réduit la relation familiale à une simple relation d'argent

and it has reduced the family relation to a mere money relation

la brutale démonstration de vigueur au Moyen Âge que les réactionnaires admirent tant

the brutal display of vigour in the Middle Ages which Reactionists so much admire

Même cela a trouvé son complément approprié dans l'indolence la plus paresseuse

even this found its fitting complement in the most slothful indolence

La bourgeoisie a révélé comment tout cela s'est passé

The Bourgeoisie has disclosed how all this came to pass

La bourgeoisie a été la première à montrer ce que l'activité de l'homme peut produire

The Bourgeoisie have been the first to show what man's activity can bring about

Il a accompli des merveilles surpassant de loin les pyramides égyptiennes, les aqueducs romains et les cathédrales gothiques

It has accomplished wonders far surpassing Egyptian pyramids, Roman aqueducts, and Gothic cathedrals

et il a mené des expéditions qui ont mis dans l'ombre tous les anciens Exodes des nations et les croisades
and it has conducted expeditions that put in the shade all former Exoduses of nations and crusades

La bourgeoisie ne peut exister sans révolutionner sans cesse les instruments de production
The Bourgeoisie cannot exist without constantly revolutionising the instruments of production
et par conséquent elle ne peut exister sans ses rapports à la production
and thereby it cannot exist without its relations to production
et donc elle ne peut exister sans ses relations avec la société
and therefore it cannot exist without its relations to society
Toutes les classes industrielles antérieures avaient une condition en commun
all earlier industrial classes had one condition in common
Ils s'appuyaient sur la conservation des anciens modes de production
they relied on the conservation of the old modes of production
mais la bourgeoisie a apporté avec elle une dynamique tout à fait nouvelle
but the Bourgeoisie brought with it a completely new dynamic
Révolution constante de la production et perturbation ininterrompue de toutes les conditions sociales
Constant revolutionizing of production and uninterrupted disturbance of all social conditions
cette incertitude et cette agitation perpétuelles distinguent l'époque bourgeoise de toutes les époques antérieures
this everlasting uncertainty and agitation distinguishes the Bourgeoisie epoch from all earlier ones
Les relations antérieures avec la production s'accompagnaient de préjugés et d'opinions anciens et vénérables
previous relations with production came with ancient and venerable prejudices and opinions

Mais toutes ces relations figées et figées sont balayées d'un revers de main
but all of these fixed, fast-frozen relations are swept away
Toutes les relations nouvellement formées deviennent archaïques avant de pouvoir s'ossifier
all new-formed relations become antiquated before they can ossify
Tout ce qui est solide se fond dans l'air, et tout ce qui est saint est profané
All that is solid melts into air, and all that is holy is profaned
L'homme est enfin forcé de faire face, avec des sens sobres, à ses conditions réelles de vie
man is at last compelled to face with sober senses, his real conditions of life
et il est obligé de faire face à ses relations avec les siens
and he is compelled to face his relations with his kind

La bourgeoisie a constamment besoin d'élargir ses marchés pour ses produits
The Bourgeoisie constantly needs to expand its markets for its products
et, à cause de cela, la bourgeoisie est poursuivie sur toute la surface du globe
and, because of this, the Bourgeoisie is chased over the whole surface of the globe
La bourgeoisie doit se nicher partout, s'installer partout, établir des liens partout
The Bourgeoisie must nestle everywhere, settle everywhere, establish connections everywhere
La bourgeoisie doit créer des marchés dans tous les coins du monde pour exploiter
The Bourgeoisie must create markets in every corner of the world to exploit
La production et la consommation dans tous les pays ont reçu un caractère cosmopolite

the production and consumption in every country has been given a cosmopolitan character

le chagrin des réactionnaires est palpable, mais il s'est poursuivi malgré tout

the chagrin of Reactionists is palpable, but it has carried on regardless

La bourgeoisie a tiré de dessous les pieds de l'industrie le terrain national sur lequel elle se trouvait

The Bourgeoisie have drawn from under the feet of industry the national ground on which it stood

Toutes les anciennes industries nationales ont été détruites, ou sont détruites chaque jour

all old-established national industries have been destroyed, or are daily being destroyed

Toutes les anciennes industries nationales sont délogées par de nouvelles industries

all old-established national industries are dislodged by new industries

Leur introduction devient une question de vie ou de mort pour toutes les nations civilisées

their introduction becomes a life and death question for all civilised nations

Ils sont délogés par les industries qui ne travaillent plus la matière première indigène

they are dislodged by industries that no longer work up indigenous raw material

Au lieu de cela, ces industries extraient des matières premières des zones les plus reculées

instead, these industries pull raw materials from the remotest zones

dont les produits sont consommés, non seulement chez nous, mais dans tous les coins du monde

industries whose products are consumed, not only at home, but in every quarter of the globe

À la place des anciens besoins, satisfaits par les productions du pays, nous trouvons de nouveaux besoins

In place of the old wants, satisfied by the productions of the country, we find new wants

Ces nouveaux besoins exigent pour leur satisfaction les produits des pays et des climats lointains

these new wants require for their satisfaction the products of distant lands and climes

À la place de l'ancien isolement et de l'autosuffisance locaux et nationaux, nous avons le commerce

In place of the old local and national seclusion and self-sufficiency, we have trade

les échanges internationaux dans toutes les directions ; l'interdépendance universelle des nations

international exchange in every direction; universal inter-dependence of nations

Et de même que nous sommes dépendants des matériaux, nous sommes dépendants de la production intellectuelle

and just as we have dependency on materials, so we are dependent on intellectual production

Les créations intellectuelles des nations individuelles deviennent la propriété commune

The intellectual creations of individual nations become common property

L'unilatéralité nationale et l'étroitesse d'esprit deviennent de plus en plus impossibles

National one-sidedness and narrow-mindedness become more and more impossible

et des nombreuses littératures nationales et locales, surgit une littérature mondiale

and from the numerous national and local literatures, there arises a world literature

par l'amélioration rapide de tous les instruments de production

by the rapid improvement of all instruments of production

par les moyens de communication immensément facilités

by the immensely facilitated means of communication

La bourgeoisie entraîne tout le monde (même les nations les plus barbares) dans la civilisation

The Bourgeoisie draws all (even the most barbarian nations) into civilisation

Les prix bon marché de ses marchandises ; l'artillerie lourde qui abat toutes les murailles chinoises

The cheap prices of its commodities; the heavy artillery that batters down all Chinese walls

La haine obstinée des barbares contre les étrangers est forcée de capituler

the barbarians' intensely obstinate hatred of foreigners is forced to capitulate

Elle oblige toutes les nations, sous peine d'extinction, à adopter le mode de production bourgeois

It compels all nations, on pain of extinction, to adopt the Bourgeoisie mode of production

elle les oblige à introduire ce qu'elle appelle la civilisation en leur sein

it compels them to introduce what it calls civilisation into their midst

La bourgeoisie force les barbares à devenir eux-mêmes bourgeois

The Bourgeoisie force the barbarians to become Bourgeoisie themselves

en un mot, la bourgeoisie crée un monde à son image

in a word, the Bourgeoisie creates a world after its own image

La bourgeoisie a soumis les campagnes à la domination des villes

The Bourgeoisie has subjected the countryside to the rule of the towns

Il a créé d'énormes villes et considérablement augmenté la population urbaine

It has created enormous cities and greatly increased the urban population

Il a sauvé une partie considérable de la population de l'idiotie de la vie rurale

it rescued a considerable part of the population from the idiocy of rural life

mais elle a rendu les ruraux dépendants des villes

but it has made those in the the countryside dependent on the towns

et de même, elle a rendu les pays barbares dépendants des pays civilisés

and likewise, it has made the barbarian countries dependent on the civilised ones

nations paysannes sur nations bourgeoises, l'Orient sur Occident

nations of peasants on nations of Bourgeoisie, the East on the West

La bourgeoisie se débarrasse de plus en plus de l'éparpillement de la population

The Bourgeoisie does away with the scattered state of the population more and more

Il a une production agglomérée et a concentré la propriété entre quelques mains

It has agglomerated production, and has concentrated property in a few hands

La conséquence nécessaire de cela a été la centralisation politique

The necessary consequence of this was political centralisation

Il y avait eu des nations indépendantes et des provinces vaguement reliées entre elles

there had been independent nations and loosely connected provinces

Ils avaient des intérêts, des lois, des gouvernements et des systèmes d'imposition distincts

they had separate interests, laws, governments and systems of taxation

Mais ils ont été regroupés en une seule nation, avec un seul gouvernement

but they have become lumped together into one nation, with one government

Ils ont maintenant un intérêt de classe national, une frontière et un tarif douanier

they now have one national class-interest, one frontier and one customs-tariff

Et cet intérêt de classe national est unifié sous un seul code de loi

and this national class-interest is unified under one code of law

la bourgeoisie a accompli beaucoup de choses au cours de son règne d'à peine cent ans

the Bourgeoisie has achieved much during its rule of scarce one hundred years

forces productives plus massives et plus colossales que toutes les générations précédentes réunies

more massive and colossal productive forces than have all preceding generations together

Les forces de la nature sont soumises à la volonté de l'homme et de ses machines

Nature's forces are subjugated to the will of man and his machinery

La chimie s'applique à toutes les formes d'industrie et à tous les types d'agriculture

chemistry is applied to all forms of industry and types of agriculture

la navigation à vapeur, les chemins de fer, les télégraphes électriques et l'imprimerie

steam-navigation, railways, electric telegraphs, and the printing press

défrichement de continents entiers pour la culture, canalisation des rivières

clearing of whole continents for cultivation, canalisation of rivers

Des populations entières ont été extirpées du sol et mises au travail

whole populations have been conjured out of the ground and put to work

Quel siècle précédent avait ne serait-ce qu'un pressentiment de ce qui pourrait être déchaîné ?
what earlier century had even a presentiment of what could be unleashed?
Qui aurait prédit que de telles forces productives sommeillaient dans le giron du travail social ?
who predicted that such productive forces slumbered in the lap of social labour?

Nous voyons donc que les moyens de production et d'échange ont été générés dans la société féodale
we see then that the means of production and of exchange were generated in feudal society
les moyens de production sur la base desquels la bourgeoisie s'est construite
the means of production on whose foundation the Bourgeoisie built itself up
À un certain stade du développement de ces moyens de production et d'échange
At a certain stage in the development of these means of production and of exchange
les conditions dans lesquelles la société féodale produisait et échangeait
the conditions under which feudal society produced and exchanged
L'organisation féodale de l'agriculture et de l'industrie manufacturière
the feudal organisation of agriculture and manufacturing industry
Les rapports féodaux de propriété n'étaient plus compatibles avec les conditions matérielles
the feudal relations of property were no longer compatible with the material conditions
Ils devaient être brisés, alors ils ont été brisés
They had to be burst asunder, so they were burst asunder

À leur place s'est ajoutée la libre concurrence des forces productives

Into their place stepped free competition from the productive forces

et ils étaient accompagnés d'une constitution sociale et politique adaptée à celle-ci

and they were accompanied by a social and political constitution adapted to it

et elle s'accompagnait de l'emprise économique et politique de la classe bourgeoise

and it was accompanied by the economical and political sway of the Bourgeoisie class

Un mouvement similaire est en train de se produire sous nos yeux

A similar movement is going on before our own eyes

La société bourgeoise moderne avec ses rapports de production, d'échange et de propriété

Modern Bourgeoisie society with its relations of production, and of exchange, and of property

une société qui a inventé des moyens de production et d'échange aussi gigantesques

a society that has conjured up such gigantic means of production and of exchange

C'est comme le sorcier qui a invoqué les puissances de l'au-delà

it is like the sorcerer who called up the powers of the nether world

Mais il n'est plus capable de contrôler ce qu'il a mis au monde

but he is no longer able to control what he has brought into the world

Pendant de nombreuses décennies, l'histoire a été liée par un fil conducteur

For many a decade past history was tied together by a common thread

L'histoire de l'industrie et du commerce n'a été que l'histoire des révoltes

the history of industry and commerce has been but the history of revolts

Les révoltes des forces productives modernes contre les conditions modernes de production

the revolts of modern productive forces against modern conditions of production

Les révoltes des forces productives modernes contre les rapports de propriété

the revolts of modern productive forces against property relations

ces rapports de propriété sont les conditions de l'existence de la bourgeoisie

these property relations are the conditions for the existence of the Bourgeoisie

et l'existence de la bourgeoisie détermine les règles des rapports de propriété

and the existence of the Bourgeoisie determines the rules for property relations

Il suffit de mentionner le retour périodique des crises commerciales

it is enough to mention the periodical return of commercial crises

chaque crise commerciale est plus menaçante pour la société bourgeoise que la précédente

each commercial crisis is more threatening to Bourgeoisie society than the last

Dans ces crises, une grande partie des produits existants sont détruits

In these crises a great part of the existing products are destroyed

Mais ces crises détruisent aussi les forces productives créées précédemment

but these crises also destroy the previously created productive forces

Dans toutes les époques antérieures, ces épidémies auraient semblé une absurdité

in all earlier epochs these epidemics would have seemed an absurdity

parce que ces épidémies sont les crises commerciales de la surproduction

because these epidemics are the commercial crises of over-production

La société se trouve soudain remise dans un état de barbarie momentanée

Society suddenly finds itself put back into a state of momentary barbarism

comme si une guerre universelle de dévastation avait coupé tous les moyens de subsistance

as if a universal war of devastation had cut off every means of subsistence

l'industrie et le commerce semblent avoir été détruits ; Et pourquoi ?

industry and commerce seem to have been destroyed; and why?

Parce qu'il y a trop de civilisation et de moyens de subsistance

Because there is too much civilisation and means of subsistence

et parce qu'il y a trop d'industrie et trop de commerce

and because there is too much industry, and too much commerce

Les forces productives à la disposition de la société ne développent plus la propriété bourgeoise

The productive forces at the disposal of society no longer develop Bourgeoisie property

au contraire, ils sont devenus trop puissants pour ces conditions, par lesquelles ils sont enchaînés

on the contrary, they have become too powerful for these conditions, by which they are fettered

dès qu'ils surmontent ces entraves, ils mettent le désordre dans toute la société bourgeoise

as soon as they overcome these fetters, they bring disorder into the whole of Bourgeoisie society

et les forces productives mettent en danger l'existence de la propriété bourgeoise

and the productive forces endanger the existence of Bourgeoisie property

Les conditions de la société bourgeoise sont trop étroites pour englober les richesses qu'elles créent

The conditions of Bourgeoisie society are too narrow to comprise the wealth created by them

Et comment la bourgeoisie surmonte-t-elle ces crises ?

And how does the Bourgeoisie get over these crises?

D'une part, elle surmonte ces crises par la destruction forcée d'une masse de forces productives

On the one hand, it overcomes these crises by the enforced destruction of a mass of productive forces

D'autre part, elle surmonte ces crises par la conquête de nouveaux marchés

on the other hand, it overcomes these crises by the conquest of new markets

et elle surmonte ces crises par l'exploitation plus poussée des anciennes forces productives

and it overcomes these crises by the more thorough exploitation of the old forces of production

C'est-à-dire en ouvrant la voie à des crises plus étendues et plus destructrices

That is to say, by paving the way for more extensive and more destructive crises

elle surmonte la crise en diminuant les moyens de prévention des crises

it overcomes the crisis by diminishing the means whereby crises are prevented

Les armes avec lesquelles la bourgeoisie a abattu le féodalisme sont maintenant retournées contre elle-même

The weapons with which the Bourgeoisie felled feudalism to the ground are now turned against itself

Mais non seulement la bourgeoisie a-t-elle forgé les armes qui lui apportent la mort

But not only has the Bourgeoisie forged the weapons that bring death to itself

Il a également appelé à l'existence les hommes qui doivent manier ces armes

it has also called into existence the men who are to wield those weapons

Et ces hommes sont la classe ouvrière moderne ; Ce sont les prolétaires

and these men are the modern working class; they are the proletarians

À mesure que la bourgeoisie se développe, le prolétariat se développe dans la même proportion

In proportion as the Bourgeoisie is developed, in the same proportion is the Proletariat developed

La classe ouvrière moderne a développé une classe d'ouvriers

the modern working class developed a class of labourers

Cette classe d'ouvriers ne vit que tant qu'elle trouve du travail

this class of labourers live only so long as they find work

et ils ne trouvent de travail qu'aussi longtemps que leur travail augmente le capital

and they find work only so long as their labour increases capital

Ces ouvriers, qui doivent se vendre à la pièce, sont une marchandise

These labourers, who must sell themselves piece-meal, are a commodity

Ces ouvriers sont comme tous les autres articles de commerce

these labourers are like every other article of commerce

et, par conséquent, ils sont exposés à toutes les vicissitudes de la concurrence

and they are consequently exposed to all the vicissitudes of competition

Ils doivent faire face à toutes les fluctuations du marché

they have to weather all the fluctuations of the market

En raison de l'utilisation intensive des machines et de la division du travail

Owing to the extensive use of machinery and to division of labour

Le travail des prolétaires a perdu tout caractère individuel

the work of the proletarians has lost all individual character

et, par conséquent, le travail des prolétaires a perdu tout charme pour l'ouvrier

and consequently, the work of the proletarians has lost all charm for the workman

Il devient un appendice de la machine, plutôt que l'homme qu'il était autrefois

He becomes an appendage of the machine, rather than the man he once was

On n'exige de lui que l'habileté la plus simple, la plus monotone et la plus facile à acquérir

only the most simple, monotonous, and most easily acquired knack is required of him

Par conséquent, le coût de production d'un ouvrier est limité

Hence, the cost of production of a workman is restricted

elle se limite presque entièrement aux moyens de subsistance dont il a besoin pour son entretien

it is restricted almost entirely to the means of subsistence that he requires for his maintenance

et elle est limitée aux moyens de subsistance dont il a besoin pour la propagation de sa race

and it is restricted to the means of subsistence that he requires for the propagation of his race

Mais le prix d'une marchandise, et par conséquent aussi du travail, est égal à son coût de production

But the price of a commodity, and therefore also of labour, is equal to its cost of production

C'est pourquoi, à mesure que le travail répugnant augmente, le salaire diminue

In proportion, therefore, as the repulsiveness of the work increases, the wage decreases

Bien plus, le caractère répugnant de son travail augmente à un rythme encore plus grand

Nay, the repulsiveness of his work increases at an even greater rate

À mesure que l'utilisation des machines et la division du travail augmentent, le fardeau du labeur augmente également

as the use of machinery and division of labour increases, so does the burden of toil

La charge de travail est augmentée par la prolongation du temps de travail

the burden of toil is increased by prolongation of the working hours

On attend plus de l'ouvrier dans le même temps qu'auparavant

more is expected of the labourer in the same time as before

Et bien sûr, le poids du labeur est augmenté par la vitesse de la machine

and of course the burden of the toil is increased by the speed of the machinery

L'industrie moderne a transformé le petit atelier du maître patriarcal en la grande usine du capitaliste industriel

Modern industry has converted the little workshop of the patriarchal master into the great factory of the industrial capitalist

Des masses d'ouvriers, entassés dans l'usine, s'organisent comme des soldats

Masses of labourers, crowded into the factory, are organised like soldiers

En tant que simples soldats de l'armée industrielle, ils sont placés sous le commandement d'une hiérarchie parfaite d'officiers et de sergents

As privates of the industrial army they are placed under the command of a perfect hierarchy of officers and sergeants

ils ne sont pas seulement les esclaves de la classe bourgeoise et de l'État

they are not only the slaves of the Bourgeoisie class and State

Mais ils sont aussi asservis quotidiennement et d'heure en heure par la machine

but they are also daily and hourly enslaved by the machine

ils sont asservis par le surveillant, et surtout par le fabricant bourgeois lui-même

they are enslaved by the over-looker, and, above all, by the individual Bourgeoisie manufacturer himself

Plus ce despotisme proclame ouvertement que le gain est sa fin et son but, plus il est mesquin, plus haïssable et plus aigri

The more openly this despotism proclaims gain to be its end and aim, the more petty, the more hateful and the more embittering it is

Plus l'industrie moderne se développe, moins les différences entre les sexes sont grandes

the more modern industry becomes developed, the lesser are the differences between the sexes

Moins le travail manuel exige d'habileté et d'effort de force, plus le travail des hommes est supplanté par celui des femmes

The less the skill and exertion of strength implied in manual labour, the more is the labour of men superseded by that of women

Les différences d'âge et de sexe n'ont plus de validité sociale distincte pour la classe ouvrière

Differences of age and sex no longer have any distinctive social validity for the working class

Tous sont des instruments de travail, plus ou moins coûteux à utiliser, selon leur âge et leur sexe

All are instruments of labour, more or less expensive to use, according to their age and sex

dès que l'ouvrier reçoit son salaire en espèces, il est attaqué par les autres parties de la bourgeoisie

as soon as the labourer receives his wages in cash, than he is set upon by the other portions of the Bourgeoisie

le propriétaire, le commerçant, le prêteur sur gages, etc

the landlord, the shopkeeper, the pawnbroker, etc

Les couches inférieures de la classe moyenne ; les petits commerçants et les commerçants

The lower strata of the middle class; the small trades people and shopkeepers

les commerçants retraités en général, et les artisans et les paysans

the retired tradesmen generally, and the handicraftsmen and peasants

tout cela s'enfonce peu à peu dans le prolétariat

all these sink gradually into the Proletariat

en partie parce que leur petit capital ne suffit pas à l'échelle sur laquelle l'industrie moderne est exercée

partly because their diminutive capital does not suffice for the scale on which Modern Industry is carried on

et parce qu'elle est submergée par la concurrence avec les grands capitalistes

and because it is swamped in the competition with the large capitalists

en partie parce que leur savoir-faire spécialisé est rendu sans valeur par les nouvelles méthodes de production

partly because their specialized skill is rendered worthless by the new methods of production

Ainsi le prolétariat se recrute dans toutes les classes de la population

Thus the Proletariat is recruited from all classes of the population

Le prolétariat passe par différents stades de développement

The Proletariat goes through various stages of development

Avec sa naissance commence sa lutte contre la bourgeoisie

With its birth begins its struggle with the Bourgeoisie

Dans un premier temps, la lutte est menée par des ouvriers individuels

At first the contest is carried on by individual labourers

Ensuite, le concours est mené par les ouvriers d'une usine

then the contest is carried on by the workpeople of a factory

Ensuite, la lutte est menée par les agents d'un métier, dans une localité

then the contest is carried on by the operatives of one trade, in one locality

et la lutte est alors contre la bourgeoisie individuelle qui les exploite directement

and the contest is then against the individual Bourgeoisie who directly exploits them

Ils ne dirigent pas leurs attaques contre les conditions de production de la bourgeoisie

They direct their attacks not against the Bourgeoisie conditions of production

mais ils dirigent leur attaque contre les instruments de production eux-mêmes

but they direct their attack against the instruments of production themselves

Ils détruisent les marchandises importées qui font concurrence à leur main-d'œuvre

they destroy imported wares that compete with their labour

Ils brisent les machines et mettent le feu aux usines

they smash to pieces machinery and they set factories ablaze

ils cherchent à restaurer par la force le statut disparu de l'ouvrier du Moyen Âge

they seek to restore by force the vanished status of the workman of the Middle Ages

À ce stade, les ouvriers forment encore une masse incohérente dispersée dans tout le pays

At this stage the labourers still form an incoherent mass scattered over the whole country

et ils sont brisés par leur concurrence mutuelle

and they are broken up by their mutual competition

S'ils s'unissent quelque part pour former des corps plus compacts, ce n'est pas encore la conséquence de leur propre union active

If anywhere they unite to form more compact bodies, this is not yet the consequence of their own active union

mais c'est une conséquence de l'union de la bourgeoisie, d'atteindre ses propres fins politiques

but it is a consequence of the union of the Bourgeoisie, to attain its own political ends

la bourgeoisie est obligée de mettre en mouvement tout le prolétariat

the Bourgeoisie is compelled to set the whole Proletariat in motion

et d'ailleurs, pour un temps, la bourgeoisie est capable de le faire

and moreover, for a time being, the Bourgeoisie is able to do so

À ce stade, les prolétaires ne combattent donc pas leurs ennemis

At this stage, therefore, the proletarians do not fight their enemies

mais au lieu de cela, ils combattent les ennemis de leurs ennemis

but instead they are fighting the enemies of their enemies

La lutte contre les vestiges de la monarchie absolue et les propriétaires terriens

the fight the remnants of absolute monarchy and the landowners

ils combattent la bourgeoisie non industrielle ; la petite bourgeoisie

they fight the non-industrial Bourgeoisie; the petty Bourgeoisie

Ainsi tout le mouvement historique est concentré entre les mains de la bourgeoisie

Thus the whole historical movement is concentrated in the hands of the Bourgeoisie

chaque victoire ainsi obtenue est une victoire pour la bourgeoisie

every victory so obtained is a victory for the Bourgeoisie

Mais avec le développement de l'industrie, le prolétariat ne se contente pas d'augmenter en nombre

But with the development of industry the Proletariat not only increases in number

le prolétariat se concentre en masses plus grandes et sa force s'accroît

the Proletariat becomes concentrated in greater masses and its strength grows

et le prolétariat ressent de plus en plus cette force

and the Proletariat feels that strength more and more

Les divers intérêts et conditions de vie dans les rangs du prolétariat sont de plus en plus égalisés

The various interests and conditions of life within the ranks of the Proletariat are more and more equalised

elles deviennent plus proportionnelles à mesure que les machines effacent toutes les distinctions de travail

they become more in proportion as machinery obliterates all distinctions of labour

et les machines réduisent presque partout les salaires au même bas niveau

and machinery nearly everywhere reduces wages to the same low level

La concurrence croissante entre la bourgeoisie et les crises commerciales qui en résultent rendent les salaires des ouvriers de plus en plus fluctuants

The growing competition among the Bourgeoisie, and the resulting commercial crises, make the wages of the workers ever more fluctuating

L'amélioration incessante des machines, qui se développe de plus en plus rapidement, rend leurs moyens d'existence de plus en plus précaires

The unceasing improvement of machinery, ever more rapidly developing, makes their livelihood more and more precarious

les collisions entre les ouvriers individuels et la bourgeoisie individuelle prennent de plus en plus le caractère de collisions entre deux classes

the collisions between individual workmen and individual Bourgeoisie take more and more the character of collisions between two classes

Là-dessus, les ouvriers commencent à former des associations (syndicats) contre la bourgeoisie

Thereupon the workers begin to form combinations (Trades Unions) against the Bourgeoisie

Ils s'associent pour maintenir le taux des salaires

they club together in order to keep up the rate of wages

Ils fondèrent des associations permanentes afin de pourvoir à l'avance à ces révoltes occasionnelles

they found permanent associations in order to make provision beforehand for these occasional revolts

Ici et là, la lutte éclate en émeutes

Here and there the contest breaks out into riots

De temps en temps, les ouvriers sont victorieux, mais seulement pour un temps

Now and then the workers are victorious, but only for a time

Le vrai fruit de leurs luttes n'est pas dans le résultat immédiat, mais dans l'union toujours plus grande des travailleurs

The real fruit of their battles lies, not in the immediate result, but in the ever-expanding union of the workers

Cette union est favorisée par les moyens de communication améliorés créés par l'industrie moderne

This union is helped on by the improved means of communication that are created by modern industry

La communication moderne met en contact les travailleurs de différentes localités les uns avec les autres

modern communication places the workers of different localities in contact with one another

C'était précisément ce contact qui était nécessaire pour centraliser les nombreuses luttes locales en une lutte nationale entre les classes

It was just this contact that was needed to centralise the numerous local struggles into one national struggle between classes

Toutes ces luttes sont du même caractère, et toute lutte de classe est une lutte politique

all of these struggles are of the same character, and every class struggle is a political struggle

les bourgeois du moyen âge, avec leurs misérables routes, mettaient des siècles à former leurs syndicats

the burghers of the Middle Ages, with their miserable highways, required centuries to form their unions

Les prolétaires modernes, grâce aux chemins de fer, réalisent leurs syndicats en quelques années

the modern proletarians, thanks to railways, achieve their unions within a few years

Cette organisation des prolétaires en classe les a donc formés en parti politique

This organisation of the proletarians into a class consequently formed them into a political party

La classe politique est continuellement bouleversée par la concurrence entre les travailleurs eux-mêmes

the political class is continually being upset again by the competition between the workers themselves

Mais la classe politique continue de se soulever, plus forte, plus ferme, plus puissante

But the political class continues to rise up again, stronger, firmer, mightier

Elle oblige la législation à reconnaître les intérêts particuliers des travailleurs

It compels legislative recognition of particular interests of the workers

il le fait en profitant des divisions au sein de la bourgeoisie elle-même

it does this by taking advantage of the divisions among the Bourgeoisie itself

C'est ainsi qu'en Angleterre fut promulguée la loi sur les dix heures

Thus the ten-hours' bill in England was put into law

à bien des égards, les collisions entre les classes de l'ancienne société sont en outre le cours du développement du prolétariat

in many ways the collisions between the classes of the old society further is the course of development of the Proletariat

La bourgeoisie se trouve engagée dans une bataille de tous les instants

The Bourgeoisie finds itself involved in a constant battle

Dans un premier temps, il se trouvera impliqué dans une bataille constante avec l'aristocratie

At first it will find itself involved in a constant battle with the aristocracy

plus tard, elle se trouvera engagée dans une lutte constante avec ces parties de la bourgeoisie elle-même

later on it will find itself involved in a constant battle with those portions of the Bourgeoisie itself

et leurs intérêts seront devenus antagonistes au progrès de l'industrie

and their interests will have become antagonistic to the progress of industry

à tout moment, leurs intérêts seront devenus antagonistes avec la bourgeoisie des pays étrangers

at all times, their interests will have become antagonistic with the Bourgeoisie of foreign countries

Dans toutes ces batailles, elle se voit obligée de faire appel au prolétariat et lui demande son aide

In all these battles it sees itself compelled to appeal to the Proletariat, and asks for its help

Et ainsi, il se sentira obligé de l'entraîner dans l'arène politique

and thus, it will feel compelled to drag it into the political arena

C'est pourquoi la bourgeoisie elle-même fournit au prolétariat ses propres instruments d'éducation politique et générale

The Bourgeoisie itself, therefore, supplies the Proletariat with its own instruments of political and general education

c'est-à-dire qu'il fournit au prolétariat des armes pour combattre la bourgeoisie

in other words, it furnishes the Proletariat with weapons for fighting the Bourgeoisie

De plus, comme nous l'avons déjà vu, des sections entières des classes dominantes sont précipitées dans le prolétariat

Further, as we have already seen, entire sections of the ruling classes are precipitated into the Proletariat

le progrès de l'industrie les aspire dans le prolétariat

the advance of industry sucks them into the Proletariat

ou, du moins, ils sont menacés dans leurs conditions d'existence

or, at least, they are threatened in their conditions of existence

Ceux-ci fournissent également au prolétariat de nouveaux éléments d'illumination et de progrès

These also supply the Proletariat with fresh elements of enlightenment and progress

Enfin, à l'approche de l'heure décisive de la lutte des classes

Finally, in times when the class struggle nears the decisive hour

le processus de dissolution en cours au sein de la classe dirigeante

the process of dissolution going on within the ruling class

En fait, la dissolution en cours au sein de la classe dirigeante se fera sentir dans toute la société

in fact, the dissolution going on within the ruling class will be felt within the whole range of society

Il prendra un caractère si violent et si flagrant qu'une petite partie de la classe dirigeante se laissera aller à la dérive

it will take on such a violent, glaring character, that a small section of the ruling class cuts itself adrift

et que la classe dirigeante rejoindra la classe révolutionnaire

and that ruling class will join the revolutionary class

La classe révolutionnaire étant la classe qui tient l'avenir entre ses mains

the revolutionary class being the class that holds the future in its hands

Comme à une époque antérieure, une partie de la noblesse passa dans la bourgeoisie

Just as at an earlier period, a section of the nobility went over to the Bourgeoisie

de la même manière qu'une partie de la bourgeoisie passera au prolétariat

the same way a portion of the Bourgeoisie will go over to the Proletariat

en particulier, une partie de la bourgeoisie passera à une partie des idéologues de la bourgeoisie

in particular, a portion of the Bourgeoisie will go over to a portion of the Bourgeoisie ideologists

Des idéologues bourgeois qui se sont élevés au niveau de la compréhension théorique du mouvement historique dans son ensemble

Bourgeoisie ideologists who have raised themselves to the level of comprehending theoretically the historical movement as a whole

De toutes les classes qui se trouvent aujourd'hui en face de la bourgeoisie, seule le prolétariat est une classe vraiment révolutionnaire

Of all the classes that stand face to face with the Bourgeoisie today, the Proletariat alone is a really revolutionary class

Les autres classes se dégradent et finissent par disparaître devant l'industrie moderne

The other classes decay and finally disappear in the face of Modern Industry

le prolétariat est son produit spécial et essentiel

the Proletariat is its special and essential product

La petite bourgeoisie, le petit industriel, le commerçant, l'artisan, le paysan

The lower middle class, the small manufacturer, the shopkeeper, the artisan, the peasant

toutes ces luttes contre la bourgeoisie

all these fight against the Bourgeoisie

Ils se battent en tant que fractions de la classe moyenne pour se sauver de l'extinction

they fight as fractions of the middle class to save themselves from extinction

Ils ne sont donc pas révolutionnaires, mais conservateurs

They are therefore not revolutionary, but conservative

Bien plus, ils sont réactionnaires, car ils essaient de faire reculer la roue de l'histoire

Nay more, they are reactionary, for they try to roll back the wheel of history

Si par hasard ils sont révolutionnaires, ils ne le sont qu'en vue de leur transfert imminent dans le prolétariat

If by chance they are revolutionary, they are so only in view of their impending transfer into the Proletariat

Ils défendent ainsi non pas leurs intérêts présents, mais leurs intérêts futurs

they thus defend not their present, but their future interests

ils désertent leur propre point de vue pour se placer à celui du prolétariat

they desert their own standpoint to place themselves at that of the Proletariat

La « classe dangereuse », la racaille sociale, cette masse en décomposition passive rejetée par les couches les plus basses de la vieille société

The "dangerous class," the social scum, that passively rotting mass thrown off by the lowest layers of old society

Ils peuvent, ici et là, être entraînés dans le mouvement par une révolution prolétarienne

they may, here and there, be swept into the movement by a proletarian revolution

Ses conditions de vie, cependant, le préparent beaucoup plus au rôle d'instrument soudoyé de l'intrigue réactionnaire

its conditions of life, however, prepare it far more for the part of a bribed tool of reactionary intrigue

Dans les conditions du prolétariat, ceux de l'ancienne société dans son ensemble sont déjà virtuellement submergés

In the conditions of the Proletariat, those of old society at large are already virtually swamped

Le prolétaire est sans propriété

The proletarian is without property

ses rapports avec sa femme et ses enfants n'ont plus rien de commun avec les relations familiales de la bourgeoisie

his relation to his wife and children has no longer anything in common with the Bourgeoisie's family-relations

le travail industriel moderne, la sujétion moderne au capital, la même en Angleterre qu'en France, en Amérique comme en Allemagne

modern industrial labour, modern subjection to capital, the same in England as in France, in America as in Germany

Sa condition dans la société l'a dépouillé de toute trace de caractère national

his condition in society has stripped him of every trace of national character

La loi, la morale, la religion, sont pour lui autant de préjugés bourgeois

Law, morality, religion, are to him so many Bourgeoisie prejudices

et derrière ces préjugés se cachent en embuscade autant d'intérêts bourgeois

and behind these prejudices lurk in ambush just as many Bourgeoisie interests

Toutes les classes précédentes, qui ont pris le dessus, ont cherché à fortifier leur statut déjà acquis

All the preceding classes that got the upper hand, sought to fortify their already acquired status

Ils l'ont fait en soumettant la société dans son ensemble à leurs conditions d'appropriation

they did this by subjecting society at large to their conditions of appropriation

Les prolétaires ne peuvent pas devenir maîtres des forces productives de la société

The proletarians cannot become masters of the productive forces of society

elle ne peut le faire qu'en abolissant son propre mode d'appropriation antérieur

it can only do this by abolishing their own previous mode of appropriation

et par là même elle abolit tout autre mode d'appropriation antérieur

and thereby it also abolishes every other previous mode of appropriation

Ils n'ont rien à eux pour s'assurer et se fortifier

They have nothing of their own to secure and to fortify

Leur mission est de détruire toutes les sûretés antérieures et les assurances de biens individuels

their mission is to destroy all previous securities for, and insurances of, individual property

Tous les mouvements historiques antérieurs étaient des mouvements de minorités

All previous historical movements were movements of minorities

ou bien il s'agissait de mouvements dans l'intérêt des minorités

or they were movements in the interests of minorities

Le mouvement prolétarien est le mouvement conscient et indépendant de l'immense majorité

The proletarian movement is the self-conscious, independent movement of the immense majority

Et c'est un mouvement dans l'intérêt de l'immense majorité

and it is a movement in the interests of the immense majority

Le prolétariat, couche la plus basse de notre société actuelle

The Proletariat, the lowest stratum of our present society

elle ne peut ni s'agiter ni s'élever sans que toutes les couches supérieures de la société officielle ne soient soulevées en l'air

it cannot stir or raise itself up without the whole superincumbent strata of official society being sprung into the air

Loin d'être dans le fond, mais dans la forme, la lutte du prolétariat contre la bourgeoisie est d'abord une lutte nationale

Though not in substance, yet in form, the struggle of the Proletariat with the Bourgeoisie is at first a national struggle

Le prolétariat de chaque pays doit, bien entendu, régler d'abord ses affaires avec sa propre bourgeoisie

The Proletariat of each country must, of course, first of all settle matters with its own Bourgeoisie

En décrivant les phases les plus générales du développement du prolétariat, nous avons retracé la guerre civile plus ou moins voilée

In depicting the most general phases of the development of the Proletariat, we traced the more or less veiled civil war

Ce civil fait rage au sein de la société existante

this civil is raging within existing society

Elle fera rage jusqu'au point où cette guerre éclatera en révolution ouverte

it will rage up to the point where that war breaks out into open revolution

et alors le renversement violent de la bourgeoisie jette les bases de l'emprise du prolétariat

and then the violent overthrow of the Bourgeoisie lays the foundation for the sway of the Proletariat

Jusqu'à présent, toute forme de société a été fondée, comme nous l'avons déjà vu, sur l'antagonisme des classes oppressives et opprimées

Hitherto, every form of society has been based, as we have already seen, on the antagonism of oppressing and oppressed classes

Mais pour opprimer une classe, il faut lui assurer certaines conditions

But in order to oppress a class, certain conditions must be assured to it

La classe doit être maintenue dans des conditions dans lesquelles elle peut, au moins, continuer son existence servile

the class must be kept under conditions in which it can, at least, continue its slavish existence

Le serf, à l'époque du servage, s'élevait lui-même au rang d'adhérent à la commune

The serf, in the period of serfdom, raised himself to membership in the commune

de même que la petite bourgeoisie, sous le joug de l'absolutisme féodal, a réussi à se développer en bourgeoisie

just as the petty Bourgeoisie, under the yoke of feudal absolutism, managed to develop into a Bourgeoisie

L'ouvrier moderne, au contraire, au lieu de s'élever avec les progrès de l'industrie, s'enfonce de plus en plus profondément

The modern labourer, on the contrary, instead of rising with the progress of industry, sinks deeper and deeper

il s'enfonce au-dessous des conditions d'existence de sa propre classe

he sinks below the conditions of existence of his own class

Il devient pauvre, et le paupérisme se développe plus rapidement que la population et la richesse

He becomes a pauper, and pauperism develops more rapidly than population and wealth

Et c'est là qu'il devient évident que la bourgeoisie n'est plus apte à être la classe dominante dans la société

And here it becomes evident, that the Bourgeoisie is unfit any longer to be the ruling class in society

et elle n'est pas digne d'imposer ses conditions d'existence à la société comme une loi prépondérante

and it is unfit to impose its conditions of existence upon society as an over-riding law

Il est inapte à gouverner parce qu'il est incompétent pour assurer une existence à son esclave dans son esclavage

It is unfit to rule because it is incompetent to assure an existence to its slave within his slavery

parce qu'il ne peut s'empêcher de le laisser sombrer dans un tel état, qu'il doit le nourrir, au lieu d'être nourri par lui

because it cannot help letting him sink into such a state, that it has to feed him, instead of being fed by him

La société ne peut plus vivre sous cette bourgeoisie

Society can no longer live under this Bourgeoisie

En d'autres termes, son existence n'est plus compatible avec la société

in other words, its existence is no longer compatible with society

La condition essentielle de l'existence et de l'influence de la classe bourgeoise est la formation et l'accroissement du capital

The essential condition for the existence, and for the sway of the Bourgeoisie class, is the formation and augmentation of capital

La condition du capital, c'est le salariat-travail

the condition for capital is wage-labour

Le travail salarié repose exclusivement sur la concurrence entre les travailleurs

Wage-labour rests exclusively on competition between the labourers

Le progrès de l'industrie, dont le promoteur involontaire est la bourgeoisie, remplace l'isolement des ouvriers

The advance of industry, whose involuntary promoter is the Bourgeoisie, replaces the isolation of the labourers

en raison de la concurrence, en raison de leur combinaison révolutionnaire, en raison de l'association

due to competition, due to their revolutionary combination, due to association

Le développement de l'industrie moderne lui coupe sous les pieds les fondements mêmes sur lesquels la bourgeoisie produit et s'approprie les produits

The development of Modern Industry cuts from under its feet the very foundation on which the Bourgeoisie produces and appropriates products

Ce que la bourgeoisie produit avant tout, ce sont ses propres fossoyeurs

What the Bourgeoisie produces, above all, is its own grave-diggers

La chute de la bourgeoisie et la victoire du prolétariat sont également inévitables

The fall of the Bourgeoisie and the victory of the Proletariat are equally inevitable

Prolétaires et Communistes
- Proletarians and Communists -

Quel est le rapport des communistes vis-à-vis de l'ensemble des prolétaires ?

In what relation do the Communists stand to the proletarians as a whole?

Les communistes ne forment pas un parti séparé opposé aux autres partis de la classe ouvrière

The Communists do not form a separate party opposed to other working-class parties

Ils n'ont pas d'intérêts séparés de ceux du prolétariat dans son ensemble

They have no interests separate and apart from those of the proletariat as a whole

Ils n'établissent pas de principes sectaires qui leur soient propres pour façonner et modeler le mouvement prolétarien

They do not set up any sectarian principles of their own, by which to shape and mould the proletarian movement

Les communistes ne se distinguent des autres partis ouvriers que par deux choses

The Communists are distinguished from the other working-class parties by only two things

Premièrement, ils signalent et mettent en avant les intérêts communs de l'ensemble du prolétariat, indépendamment de toute nationalité

Firstly, they point out and bring to the front the common interests of the entire proletariat, independently of all nationality

C'est ce qu'ils font dans les luttes nationales des prolétaires des différents pays

this they do in the national struggles of the proletarians of the different countries

Deuxièmement, ils représentent toujours et partout les intérêts du mouvement dans son ensemble

Secondly, they always and everywhere represent the interests of the movement as a whole

c'est ce qu'ils font dans les différents stades de développement par lesquels doit passer la lutte de la classe ouvrière contre la bourgeoisie

this they do in the various stages of development, which the struggle of the working class against the Bourgeoisie has to pass through

Les communistes sont donc, d'une part, pratiquement, la section la plus avancée et la plus résolue des partis ouvriers de tous les pays

The Communists, therefore, are on the one hand, practically, the most advanced and resolute section of the working-class parties of every country

Ils sont cette section de la classe ouvrière qui pousse en avant toutes les autres

they are that section of the working class which pushes forward all others

Théoriquement, ils ont aussi l'avantage de bien comprendre la ligne de marche

theoretically, they also have the advantage of clearly understanding the line of march

C'est ce qu'ils comprennent mieux par rapport à la grande masse du prolétariat

this they understand better compared the great mass of the proletariat

Ils comprennent les conditions et les résultats généraux ultimes du mouvement prolétarien

they understand the conditions, and the ultimate general results of the proletarian movement

Le but immédiat du Parti communiste est le même que celui de tous les autres partis prolétariens

The immediate aim of the Communist is the same as that of all the other proletarian parties

Leur but est la formation du prolétariat en classe

their aim is the formation of the proletariat into a class

ils visent à renverser la suprématie de la bourgeoisie

they aim to overthrow the Bourgeoisie supremacy

la conquête du pouvoir politique par le prolétariat

the strive for the conquest of political power by the proletariat

Les conclusions théoriques des communistes ne sont nullement basées sur des idées ou des principes de réformateurs

The theoretical conclusions of the Communists are in no way based on ideas or principles of reformers

ce ne sont pas des prétendus réformateurs universels qui ont inventé ou découvert les conclusions théoriques des communistes

it wasn't would-be universal reformers that invented or discovered the theoretical conclusions of the Communists

Ils ne font qu'exprimer, en termes généraux, des rapports réels qui naissent d'une lutte de classe existante

They merely express, in general terms, actual relations springing from an existing class struggle

Et ils décrivent le mouvement historique qui se déroule sous nos yeux et qui a créé cette lutte des classes

and they describe the historical movement going on under our very eyes that have created this class struggle

L'abolition des rapports de propriété existants n'est pas du tout un trait distinctif du communisme

The abolition of existing property relations is not at all a distinctive feature of Communism

Dans le passé, toutes les relations de propriété ont été continuellement sujettes à des changements historiques

All property relations in the past have continually been subject to historical change

et ces changements ont été consécutifs au changement des conditions historiques

and these changes were consequent upon the change in historical conditions

La Révolution française, par exemple, a aboli la propriété féodale au profit de la propriété bourgeoise

The French Revolution, for example, abolished feudal property in favour of Bourgeoisie property

Le trait distinctif du communisme n'est pas l'abolition de la propriété, en général

The distinguishing feature of Communism is not the abolition of property, generally

mais le trait distinctif du communisme, c'est l'abolition de la propriété bourgeoise

but the distinguishing feature of Communism is the abolition of Bourgeoisie property

Mais la propriété privée de la bourgeoisie moderne est l'expression ultime et la plus complète du système de production et d'appropriation des produits

But modern Bourgeoisie private property is the final and most complete expression of the system of producing and appropriating products

C'est l'état final d'un système basé sur les antagonismes de classe, où l'antagonisme de classe est l'exploitation du plus grand nombre par quelques-uns

it is the final state of a system that is based on class antagonisms, where class antagonism is the exploitation of the many by the few

En ce sens, la théorie des communistes peut se résumer en une seule phrase ; l'abolition de la propriété privée

In this sense, the theory of the Communists may be summed up in the single sentence; the Abolition of private property

On nous a reproché, à nous communistes, de vouloir abolir le droit d'acquérir personnellement des biens

We Communists have been reproached with the desire of abolishing the right of personally acquiring property

On prétend que cette propriété est le fruit du travail de l'homme

it is claimed that this property is the fruit of a man's own labour

et cette propriété est censée être le fondement de toute liberté, de toute activité et de toute indépendance individuelles.

and this property is alleged to be the groundwork of all personal freedom, activity and independence.

« Propriété durement gagnée, auto-acquise, auto-gagnée ! »

"Hard-won, self-acquired, self-earned property!"

Voulez-vous dire la propriété du petit artisan et du petit paysan ?

Do you mean the property of the petty artisan and of the small peasant?

Voulez-vous parler d'une forme de propriété qui a précédé la forme bourgeoise ?

Do you mean a form of property that preceded the Bourgeoisie form?

Il n'est pas nécessaire de l'abolir, le développement de l'industrie l'a déjà détruit dans une large mesure

There is no need to abolish that, the development of industry has to a great extent already destroyed it

et le développement de l'industrie continue de la détruire chaque jour

and development of industry is still destroying it daily

Ou voulez-vous parler de la propriété privée de la bourgeoisie moderne ?

Or do you mean modern Bourgeoisie private property?

Mais le travail salarié crée-t-il une propriété pour l'ouvrier ?

But does wage-labour create any property for the labourer?

Non, le travail salarié ne crée pas une parcelle de ce genre de propriété !

no, wage labour creates not one bit of this kind of property!

Ce que le travail salarié crée, c'est du capital ; ce genre de propriété qui exploite le travail salarié

what wage labour does create is capital; that kind of property which exploits wage-labour

Le capital ne peut s'accroître qu'à la condition d'engendrer une nouvelle offre de travail salarié pour une nouvelle exploitation

capital cannot increase except upon condition of begetting a new supply of wage-labour for fresh exploitation

La propriété, dans sa forme actuelle, est fondée sur l'antagonisme du capital et du salariat

Property, in its present form, is based on the antagonism of capital and wage-labour

Examinons les deux côtés de cet antagonisme

Let us examine both sides of this antagonism

Être capitaliste, ce n'est pas seulement avoir un statut purement personnel

To be a capitalist is to have not only a purely personal status

Au contraire, être capitaliste, c'est aussi avoir un statut social dans la production

instead, to be a capitalist is also to have a social status in production

parce que le capital est un produit collectif ; Ce n'est que par l'action unie de nombreux membres qu'elle peut être mise en branle

because capital is a collective product; only by the united action of many members can it be set in motion

Mais cette action unie n'est qu'un dernier recours, et nécessite en fait tous les membres de la société

but this united action is a last resort, and actually requires all members of society

Le capital est converti en propriété de tous les membres de la société

Capital does get converted into the property of all members of society

mais le Capital n'est donc pas une puissance personnelle ; c'est un pouvoir social

but Capital is, therefore, not a personal power; it is a social power

Ainsi, lorsque le capital est converti en propriété sociale, la propriété personnelle n'est pas pour autant transformée en propriété sociale

so when capital is converted into social property, personal property is not thereby transformed into social property

Ce n'est que le caractère social de la propriété qui est modifié et qui perd son caractère de classe

It is only the social character of the property that is changed, and loses its class-character

Regardons maintenant le travail salarié

Let us now look at wage-labour

Le prix moyen du salariat est le salaire minimum, c'est-à-dire le quantum des moyens de subsistance

The average price of wage-labour is the minimum wage, i.e., that quantum of the means of subsistence

Ce salaire est absolument nécessaire dans la simple existence d'un ouvrier

this wage is absolutely requisite in bare existence as a labourer

Ce que le salarié s'approprie par son travail ne suffit donc qu'à prolonger et à reproduire une existence nue

What, therefore, the wage-labourer appropriates by means of his labour, merely suffices to prolong and reproduce a bare existence

Nous n'avons nullement l'intention d'abolir cette appropriation personnelle des produits du travail

We by no means intend to abolish this personal appropriation of the products of labour

une appropriation qui est faite pour le maintien et la reproduction de la vie humaine

an appropriation that is made for the maintenance and reproduction of human life

Une telle appropriation personnelle des produits du travail ne laisse pas de surplus pour commander le travail d'autrui

such personal appropriation of the products of labour leave no surplus wherewith to command the labour of others

Tout ce que nous voulons supprimer, c'est le caractère misérable de cette appropriation
All that we want to do away with, is the miserable character of this appropriation

l'appropriation dont vit l'ouvrier dans le seul but d'augmenter son capital
the appropriation under which the labourer lives merely to increase capital

Il n'est autorisé à vivre que dans la mesure où l'intérêt de la classe dominante l'exige
he is allowed to live only in so far as the interest of the ruling class requires it

Dans la société bourgeoise, le travail vivant n'est qu'un moyen d'augmenter le travail accumulé
In Bourgeoisie society, living labour is but a means to increase accumulated labour

Dans la société communiste, le travail accumulé n'est qu'un moyen d'élargir, d'enrichir, de promouvoir l'existence de l'ouvrier
In Communist society, accumulated labour is but a means to widen, to enrich, to promote the existence of the labourer

C'est pourquoi, dans la société bourgeoise, le passé domine le présent
In Bourgeoisie society, therefore, the past dominates the present

dans la société communiste, le présent domine le passé
in Communist society the present dominates the past

Dans la société bourgeoise, le capital est indépendant et a une individualité
In Bourgeoisie society capital is independent and has individuality

Dans la société bourgeoise, la personne vivante est dépendante et n'a pas d'individualité
In Bourgeoisie society the living person is dependent and has no individuality

Et l'abolition de cet état de choses est appelée par la bourgeoisie l'abolition de l'individualité et de la liberté !

And the abolition of this state of things is called by the Bourgeoisie, abolition of individuality and freedom!

Et c'est à juste titre qu'on l'appelle l'abolition de l'individualité et de la liberté !

And it is rightly called the abolition of individuality and freedom!

Le communisme vise à l'abolition de l'individualité bourgeoise

Communism aims for the abolition of Bourgeoisie individuality

Le communisme veut l'abolition de l'indépendance de la bourgeoisie

Communism intends for the abolition of Bourgeoisie independence

La liberté de la bourgeoisie est sans aucun doute ce que vise le communisme

Bourgeoisie freedom is undoubtedly what communism is aiming at

dans les conditions actuelles de production de la bourgeoisie, la liberté signifie le libre-échange, la liberté de vendre et d'acheter

under the present Bourgeoisie conditions of production, freedom means free trade, free selling and buying

Mais si la vente et l'achat disparaissent, la vente et l'achat gratuits disparaissent également

But if selling and buying disappears, free selling and buying also disappears

Les « paroles courageuses » de la bourgeoisie sur la vente et l'achat libres n'ont qu'un sens limité

"brave words" by the Bourgeoisie about free selling and buying only have meaning in a limited sense

Ces mots n'ont de sens que par opposition à la vente et à l'achat restreints

these words have meaning only in contrast with restricted
selling and buying

**et ces mots n'ont de sens que lorsqu'ils s'appliquent aux
marchands enchaînés du moyen âge**

and these words have meaning only when applied to the
fettered traders of the Middle Ages

**et cela suppose que ces mots aient même un sens dans un
sens bourgeois**

and that assumes these words even have meaning in a
Bourgeoisie sense

**mais ces mots n'ont aucun sens lorsqu'ils sont utilisés pour
s'opposer à l'abolition communiste de l'achat et de la vente**

but these words have no meaning when they're being used to
oppose the Communistic abolition of buying and selling

**les mots n'ont pas de sens lorsqu'ils sont utilisés pour
s'opposer à l'abolition des conditions de production de la
bourgeoisie**

the words have no meaning when they're being used to
oppose the Bourgeoisie conditions of production being
abolished

**et ils n'ont aucun sens lorsqu'ils sont utilisés pour s'opposer
à l'abolition de la bourgeoisie elle-même**

and they have no meaning when they're being used to oppose
the Bourgeoisie itself being abolished

**Vous êtes horrifiés par notre intention d'en finir avec la
propriété privée**

You are horrified at our intending to do away with private
property

**Mais dans votre société actuelle, la propriété privée est déjà
abolie pour les neuf dixièmes de la population**

But in your existing society, private property is already done
away with for nine-tenths of the population

**L'existence d'une propriété privée pour quelques-uns est
uniquement due à sa non-existence entre les mains des neuf
dixièmes de la population**

the existence of private property for the few is solely due to its non-existence in the hands of nine-tenths of the population

Vous nous reprochez donc d'avoir l'intention de supprimer une forme de propriété

You reproach us, therefore, with intending to do away with a form of property

Mais la propriété privée nécessite l'inexistence de toute propriété pour l'immense majorité de la société

but private property necessitates the non-existence of any property for the immense majority of society

En un mot, vous nous reprochez d'avoir l'intention de vous débarrasser de vos biens

In one word, you reproach us with intending to do away with your property

Et c'est précisément le cas ; se débarrasser de votre propriété est exactement ce que nous avons l'intention de faire

And it is precisely so; doing away with your Property is just what we intend

À partir du moment où le travail ne peut plus être converti en capital, en argent ou en rente

From the moment when labour can no longer be converted into capital, money, or rent

quand le travail ne peut plus être converti en un pouvoir social monopolisé

when labour can no longer be converted into a social power capable of being monopolised

à partir du moment où la propriété individuelle ne peut plus être transformée en propriété bourgeoise

from the moment when individual property can no longer be transformed into Bourgeoisie property

à partir du moment où la propriété individuelle ne peut plus être transformée en capital

from the moment when individual property can no longer be transformed into capital

À partir de ce moment-là, vous dites que l'individualité s'évanouit

from that moment, you say individuality vanishes

Vous devez donc avouer que par « individu » vous n'entendez personne d'autre que la bourgeoisie

You must, therefore, confess that by "individual" you mean no other person than the Bourgeoisie

Vous devez avouer qu'il s'agit spécifiquement du propriétaire de la classe moyenne

you must confess it specifically refers to the middle-class owner of property

Cette personne doit, en effet, être balayée et rendue impossible

This person must, indeed, be swept out of the way, and made impossible

Le communisme ne prive personne du pouvoir de s'approprier les produits de la société

Communism deprives no man of the power to appropriate the products of society

tout ce que fait le communisme, c'est de le priver du pouvoir de subjuguer le travail d'autrui au moyen d'une telle appropriation

all that Communism does is to deprive him of the power to subjugate the labour of others by means of such appropriation

On a objecté qu'avec l'abolition de la propriété privée, tout travail cesserait

It has been objected that upon the abolition of private property all work will cease

et il est alors suggéré que la paresse universelle nous rattrapera

and it is then suggested that universal laziness will overtake us

D'après cela, il y a longtemps que la société bourgeoise aurait dû aller aux chiens par pure oisiveté

According to this, Bourgeoisie society ought long ago to have gone to the dogs through sheer idleness

parce que ceux de ses membres qui travaillent, n'acquièrent rien

because those of its members who work, acquire nothing

et ceux de ses membres qui acquièrent quoi que ce soit, ne travaillent pas

and those of its members who acquire anything, do not work

L'ensemble de cette objection n'est qu'une autre expression de la tautologie

The whole of this objection is but another expression of the tautology

Il ne peut plus y avoir de travail salarié quand il n'y a plus de capital

there can no longer be any wage-labour when there is no longer any capital

Il n'y a pas de différence entre les produits matériels et les produits mentaux

there is no difference between material products and mental products

Le communisme propose que les deux soient produits de la même manière

communism proposes both of these are produced in the same way

mais les objections contre les modes communistes de production sont les mêmes

but the objections against the Communistic modes of producing these are the same

pour la bourgeoisie, la disparition de la propriété de classe est la disparition de la production elle-même

to the Bourgeoisie the disappearance of class property is the disappearance of production itself

Ainsi, la disparition de la culture de classe est pour lui identique à la disparition de toute culture

so the disappearance of class culture is to him identical with the disappearance of all culture

Cette culture, dont il déplore la perte, n'est pour l'immense majorité qu'un simple entraînement à agir comme une machine

That culture, the loss of which he laments, is for the enormous majority a mere training to act as a machine

Les communistes ont bien l'intention d'abolir la culture de la propriété bourgeoise

Communists very much intend to abolish the culture of Bourgeoisie property

Mais ne vous querellez pas avec nous tant que vous appliquez les normes de vos notions bourgeoises de liberté, de culture, de droit, etc

But don't wrangle with us so long as you apply the standard of your Bourgeoisie notions of freedom, culture, law, etc

Vos idées mêmes ne sont que le résultat des conditions de votre production bourgeoise et de la propriété bourgeoise

Your very ideas are but the outgrowth of the conditions of your Bourgeoisie production and Bourgeoisie property

de même que votre jurisprudence n'est que la volonté de votre classe érigée en loi pour tous

just as your jurisprudence is but the will of your class made into a law for all

Le caractère essentiel et l'orientation de cette volonté sont déterminés par les conditions économiques créées par votre classe sociale

the essential character and direction of this will are determined by the economical conditions your social class create

L'idée fausse égoïste qui vous pousse à transformer les formes sociales en lois éternelles de la nature et de la raison

The selfish misconception that induces you to transform social forms into eternal laws of nature and of reason

les formes sociales qui découlent de votre mode de production et de votre forme de propriété actuels

the social forms springing from your present mode of production and form of property

des rapports historiques qui naissent et disparaissent dans le progrès de la production

historical relations that rise and disappear in the progress of production

cette idée fausse que vous partagez avec toutes les classes dirigeantes qui vous ont précédés

this misconception you share with every ruling class that has preceded you

Ce que vous voyez clairement dans le cas de la propriété ancienne, ce que vous admettez dans le cas de la propriété féodale

What you see clearly in the case of ancient property, what you admit in the case of feudal property

ces choses, il vous est bien entendu interdit de les admettre dans le cas de votre propre forme de propriété bourgeoise

these things you are of course forbidden to admit in the case of your own Bourgeoisie form of property

Abolition de la famille ! Même les plus radicaux s'enflamment devant cette infâme proposition des communistes

Abolition of the family! Even the most radical flare up at this infamous proposal of the Communists

Sur quelle base se fonde la famille actuelle, la famille bourgeoise ?

On what foundation is the present family, the Bourgeoisie family, based?

La fondation de la famille actuelle est basée sur le capital et le gain privé

the foundation of the present family is based on capital and private gain

Sous sa forme complètement développée, cette famille n'existe que dans la bourgeoisie

In its completely developed form this family exists only
among the Bourgeoisie

**Cet état de choses trouve son complément dans l'absence
pratique de la famille chez les prolétaires**

this state of things finds its complement in the practical
absence of the family among the proletarians

Cet état de choses se retrouve dans la prostitution publique

this state of things can be found in public prostitution

**La famille bourgeoise disparaîtra d'office quand son effectif
disparaîtra**

The Bourgeoisie family will vanish as a matter of course when
its complement vanishes

et l'une et l'autre s'évanouiront avec la disparition du capital

and both of these will will vanish with the vanishing of capital

**Nous accusez-vous de vouloir mettre fin à l'exploitation des
enfants par leurs parents ?**

Do you charge us with wanting to stop the exploitation of
children by their parents?

Nous plaidons coupables de ce crime

To this crime we plead guilty

**Mais, direz-vous, on détruit les relations les plus sacrées,
quand on remplace l'éducation à domicile par l'éducation
sociale**

But, you will say, we destroy the most hallowed of relations,
when we replace home education by social education

**Votre éducation n'est-elle pas aussi sociale ? Et n'est-elle pas
déterminée par les conditions sociales dans lesquelles vous
éduquez ?**

is your education not also social? And is it not determined by
the social conditions under which you educate?

**par l'intervention, directe ou indirecte, de la société, par le
biais de l'école, etc.**

by the intervention, direct or indirect, of society, by means of
schools, etc.

**Les communistes n'ont pas inventé l'intervention de la
société dans l'éducation**

The Communists have not invented the intervention of society in education

ils ne cherchent qu'à modifier le caractère de cette intervention

they do but seek to alter the character of that intervention

et ils cherchent à sauver l'éducation de l'influence de la classe dirigeante

and they seek to rescue education from the influence of the ruling class

La bourgeoisie parle de la relation sacrée du parent et de l'enfant

The Bourgeoisie talk of the hallowed co-relation of parent and child

mais ce baratin sur la famille et l'éducation devient d'autant plus répugnant quand on regarde l'industrie moderne

but this clap-trap about the family and education becomes all the more disgusting when we look at Modern Industry

Tous les liens familiaux entre les prolétaires sont déchirés par l'industrie moderne

all family ties among the proletarians are torn asunder by modern industry

Leurs enfants sont transformés en simples objets de commerce et en instruments de travail

their children are transformed into simple articles of commerce and instruments of labour

Mais vous, communistes, vous créeriez une communauté de femmes, crie en chœur toute la bourgeoisie

But you Communists would create a community of women, screams the whole Bourgeoisie in chorus

La bourgeoisie ne voit en sa femme qu'un instrument de production

The Bourgeoisie sees in his wife a mere instrument of production

Il entend dire que les instruments de production doivent être exploités par tous

He hears that the instruments of production are to be exploited by all

et, naturellement, il ne peut arriver à aucune autre conclusion que celle d'être commun à tous retombera également sur les femmes

and, naturally, he can come to no other conclusion than that the lot of being common to all will likewise fall to women

Il ne soupçonne même pas qu'il s'agit en fait d'en finir avec le statut de la femme en tant que simple instrument de production

He has not even a suspicion that the real point is to do away with the status of women as mere instruments of production

Du reste, rien n'est plus ridicule que l'indignation vertueuse de notre bourgeoisie contre la communauté des femmes

For the rest, nothing is more ridiculous than the virtuous indignation of our Bourgeoisie at the community of women

ils prétendent qu'elle doit être établie ouvertement et officiellement par les communistes

they pretend it is to be openly and officially established by the Communists

Les communistes n'ont pas besoin d'introduire la communauté des femmes, elle existe depuis des temps immémoriaux

The Communists have no need to introduce community of women, it has existed almost from time immemorial

Notre bourgeoisie ne se contente pas d'avoir à sa disposition les femmes et les filles de ses prolétaires

Our Bourgeoisie are not content with having the wives and daughters of their proletarians at their disposal

Ils prennent le plus grand plaisir à séduire les femmes de l'autre

they take the greatest pleasure in seducing each other's wives

Et cela ne parle même pas des prostituées ordinaires

and that is not even to speak of common prostitutes

Le mariage bourgeois est en réalité un système d'épouses en commun

Bourgeoisie marriage is in reality a system of wives in common

puis il y a une chose qu'on pourrait peut-être reprocher aux communistes

then there is one thing that the Communists might possibly be reproached with

Ils souhaitent introduire une communauté de femmes ouvertement légalisée

they desire to introduce an openly legalised community of women

plutôt qu'une communauté de femmes hypocritement dissimulée

rather than a hypocritically concealed community of women

la communauté des femmes issues du système de production

the community of women springing from the system of production

Abolissez le système de production, et vous abolissez la communauté des femmes

abolish the system of production, and you abolish the community of women

La prostitution publique est abolie et la prostitution privée

both public prostitution is abolished, and private prostitution

On reproche en outre aux communistes de vouloir abolir les pays et les nationalités

The Communists are further more reproached with desiring to abolish countries and nationality

Les travailleurs n'ont pas de patrie, nous ne pouvons donc pas leur prendre ce qu'ils n'ont pas

The working men have no country, so we cannot take from them what they have not got

Le prolétariat doit d'abord acquérir la suprématie politique

the proletariat must first of all acquire political supremacy

Le prolétariat doit s'élever pour être la classe dirigeante de la nation

the proletariat must rise to be the leading class of the nation

Le prolétariat doit se constituer en nation
the proletariat must constitute itself the nation
elle est, jusqu'à présent, elle-même nationale, mais pas dans le sens bourgeois du mot
it is, so far, itself national, though not in the Bourgeoisie sense of the word
Les différences nationales et les antagonismes entre les peuples s'estompent chaque jour davantage
National differences and antagonisms between peoples are daily more and more vanishing
grâce au développement de la bourgeoisie, à la liberté du commerce, au marché mondial
owing to the development of the Bourgeoisie, to freedom of commerce, to the world-market
à l'uniformité du mode de production et des conditions de vie qui y correspondent
to uniformity in the mode of production and in the conditions of life corresponding thereto
La suprématie du prolétariat les fera disparaître encore plus vite
The supremacy of the proletariat will cause them to vanish still faster
L'action unie, du moins dans les principaux pays civilisés, est une des premières conditions de l'émancipation du prolétariat
United action, of the leading civilised countries at least, is one of the first conditions for the emancipation of the proletariat
Dans la mesure où l'exploitation d'un individu par un autre prendra fin, l'exploitation d'une nation par une autre prendra également fin à
In proportion as the exploitation of one individual by another is put an end to, the exploitation of one nation by another will also be put an end to
À mesure que l'antagonisme entre les classes à l'intérieur de la nation disparaîtra, l'hostilité d'une nation envers une autre prendra fin

In proportion as the antagonism between classes within the nation vanishes, the hostility of one nation to another will come to an end

Les accusations portées contre le communisme d'un point de vue religieux, philosophique et, en général, idéologique, ne méritent pas d'être examinées sérieusement
The charges against Communism made from a religious, a philosophical, and, generally, from an ideological standpoint, are not deserving of serious examination

Faut-il une intuition profonde pour comprendre que les idées, les vues et les conceptions de l'homme changent à chaque changement dans les conditions de son existence matérielle ?
Does it require deep intuition to comprehend that man's ideas, views and conceptions changes with every change in the conditions of his material existence?

N'est-il pas évident que la conscience de l'homme change lorsque ses relations sociales et sa vie sociale changent ?
is it not obvious that man's consciousness changes when his social relations and his social life changes?

Qu'est-ce que l'histoire des idées prouve d'autre, sinon que la production intellectuelle change de caractère à mesure que la production matérielle se modifie ?
What else does the history of ideas prove, than that intellectual production changes its character in proportion as material production is changed?

Les idées dominantes de chaque époque ont toujours été les idées de sa classe dirigeante
The ruling ideas of each age have ever been the ideas of its ruling class

Quand on parle d'idées qui révolutionnent la société, on n'exprime qu'un seul fait
When people speak of ideas that revolutionise society, they do but express one fact

Au sein de l'ancienne société, les éléments d'une nouvelle société ont été créés

within the old society, the elements of a new one have been created

et que la dissolution des vieilles idées va de pair avec la dissolution des anciennes conditions d'existence

and that the dissolution of the old ideas keeps even pace with the dissolution of the old conditions of existence

Lorsque le monde antique était dans ses dernières affresses, les anciennes religions ont été vaincues par le christianisme

When the ancient world was in its last throes, the ancient religions were overcome by Christianity

Lorsque les idées chrétiennes ont succombé au XVIIIe siècle aux idées rationalistes, la société féodale a mené une bataille à mort contre la bourgeoisie alors révolutionnaire

When Christian ideas succumbed in the 18th century to rationalist ideas, feudal society fought its death battle with the then revolutionary Bourgeoisie

Les idées de liberté religieuse et de liberté de conscience n'ont fait qu'exprimer l'emprise de la libre concurrence dans le domaine de la connaissance

The ideas of religious liberty and freedom of conscience merely gave expression to the sway of free competition within the domain of knowledge

« Sans doute, dira-t-on, les idées religieuses, morales, philosophiques et juridiques ont été modifiées au cours du développement historique »

"Undoubtedly," it will be said, "religious, moral, philosophical and juridical ideas have been modified in the course of historical development"

Mais la religion, la morale, la philosophie, la science politique et le droit ont constamment survécu à ce changement.

"But religion, morality philosophy, political science, and law, constantly survived this change"

« Il y a aussi des vérités éternelles, telles que la Liberté, la Justice, etc. »

"There are also eternal truths, such as Freedom, Justice, etc"

« Ces vérités éternelles sont communes à tous les états de la société »

"these eternal truths are common to all states of society"

« Mais le communisme abolit les vérités éternelles, il abolit toute religion et toute morale »

"But Communism abolishes eternal truths, it abolishes all religion, and all morality"

« il fait cela au lieu de les constituer sur une nouvelle base »

"it does this instead of constituting them on a new basis"

« Elle agit donc en contradiction avec toute l'expérience historique passée »

"it therefore acts in contradiction to all past historical experience"

À quoi se réduit cette accusation ?

What does this accusation reduce itself to?

L'histoire de toute la société passée a consisté dans le développement d'antagonismes de classe

The history of all past society has consisted in the development of class antagonisms

antagonismes qui ont pris des formes différentes selon les époques

antagonisms that assumed different forms at different epochs

Mais quelle que soit la forme qu'ils aient prise, un fait est commun à tous les âges passés

But whatever form they may have taken, one fact is common to all past ages

l'exploitation d'une partie de la société par l'autre

the exploitation of one part of society by the other

Il n'est donc pas étonnant que la conscience sociale des âges passés se meuve à l'intérieur de certaines formes communes ou d'idées générales

No wonder, then, that the social consciousness of past ages moves within certain common forms, or general ideas

(et ce, malgré toute la multiplicité et la variété qu'il affiche)
(and that is despite all the multiplicity and variety it displays)

et ceux-ci ne peuvent disparaître complètement qu'avec la disparition totale des antagonismes de classe
and these cannot completely vanish except with the total disappearance of class antagonisms

La révolution communiste est la rupture la plus radicale avec les rapports de propriété traditionnels
The Communist revolution is the most radical rupture with traditional property relations

Il n'est donc pas étonnant que son développement implique la rupture la plus radicale avec les idées traditionnelles
no wonder that its development involves the most radical rupture with traditional ideas

Mais finissons-en avec les objections de la bourgeoisie contre le communisme
But let us have done with the Bourgeoisie objections to Communism

Nous avons vu plus haut le premier pas de la révolution de la classe ouvrière
We have seen above the first step in the revolution by the working class

Le prolétariat doit être élevé à la position de dirigeant, pour gagner la bataille de la démocratie
proletariat has to be raised to the position of ruling, to win the battle of democracy

Le prolétariat usera de sa suprématie politique pour arracher peu à peu tout le capital à la bourgeoisie
The proletariat will use its political supremacy to wrest, by degrees, all capital from the Bourgeoisie

elle centralisera tous les instruments de production entre les mains de l'État
it will centralise all instruments of production in the hands of the State

En d'autres termes, le prolétariat s'est organisé en classe dominante

in other words, the proletariat organised as the ruling class

et elle augmentera le plus rapidement possible le total des forces productives

and it will increase the total of productive forces as rapidly as possible

Bien sûr, au début, cela ne peut se faire qu'au moyen d'incursions despotiques dans les droits de propriété

Of course, in the beginning, this cannot be effected except by means of despotic inroads on the rights of property

et elle doit être réalisée dans les conditions de la production bourgeoise

and it has to be achieved on the conditions of Bourgeoisie production

Elle est donc réalisée au moyen de mesures qui semblent économiquement insuffisantes et intenables

it is achieved by means of measures, therefore, which appear economically insufficient and untenable

mais ces moyens, dans le cours du mouvement, se dépassent d'eux-mêmes

but these means, in the course of the movement, outstrip themselves

elles nécessitent de nouvelles incursions dans l'ancien ordre social

they necessitate further inroads upon the old social order

et ils sont inévitables comme moyen de révolutionner entièrement le mode de production

and they are unavoidable as a means of entirely revolutionising the mode of production

Ces mesures seront bien sûr différentes selon les pays

These measures will of course be different in different countries

Néanmoins, dans les pays les plus avancés, ce qui suit sera assez généralement applicable

Nevertheless in the most advanced countries, the following will be pretty generally applicable

1. L'abolition de la propriété foncière et l'affectation de toutes les rentes foncières à des fins publiques.

1. Abolition of property in land and application of all rents of land to public purposes.

2. Un impôt sur le revenu progressif ou progressif lourd.

2. A heavy progressive or graduated income tax.

3. Abolition de tout droit d'héritage.

3. Abolition of all right of inheritance.

4. Confiscation des biens de tous les émigrés et rebelles.

4. Confiscation of the property of all emigrants and rebels.

5. Centralisation du crédit entre les mains de l'État, au moyen d'une banque nationale à capital d'État et monopole exclusif.

5. Centralisation of credit in the hands of the State, by means of a national bank with State capital and an exclusive monopoly.

6. Centralisation des moyens de communication et de transport entre les mains de l'État.

6. Centralisation of the means of communication and transport in the hands of the State.

7. Extension des usines et des instruments de production appartenant à l'État

7. Extension of factories and instruments of production owned by the State

la mise en culture des terres incultes, et l'amélioration du sol en général d'après un plan commun.

the bringing into cultivation of waste-lands, and the improvement of the soil generally in accordance with a common plan.

8. Responsabilité égale de tous vis-à-vis du travail

8. Equal liability of all to labour

Mise en place d'armées industrielles, notamment pour l'agriculture.

Establishment of industrial armies, especially for agriculture.

9. Combinaison de l'agriculture et des industries manufacturières

9. Combination of agriculture with manufacturing industries

l'abolition progressive de la distinction entre la ville et la campagne, par une répartition plus égale de la population sur le territoire.

gradual abolition of the distinction between town and country, by a more equable distribution of the population over the country.

10. Gratuité de l'éducation pour tous les enfants dans les écoles publiques.

10. Free education for all children in public schools.

Abolition du travail des enfants dans les usines sous sa forme actuelle

Abolition of children's factory labour in its present form

Combinaison de l'éducation et de la production industrielle

Combination of education with industrial production

Quand, au cours du développement, les distinctions de classe ont disparu

When, in the course of development, class distinctions have disappeared

et quand toute la production aura été concentrée entre les mains d'une vaste association de toute la nation

and when all production has been concentrated in the hands of a vast association of the whole nation

alors la puissance publique perdra son caractère politique

then the public power will lose its political character

Le pouvoir politique, proprement dit, n'est que le pouvoir organisé d'une classe pour en opprimer une autre

Political power, properly so called, is merely the organised power of one class for oppressing another

Si le prolétariat, dans sa lutte contre la bourgeoisie, est contraint, par la force des choses, de s'organiser en classe

If the proletariat during its contest with the Bourgeoisie is compelled, by the force of circumstances, to organise itself as a class

si, par une révolution, elle se fait la classe dominante

if, by means of a revolution, it makes itself the ruling class

et, en tant que telle, elle balaie par la force les anciennes conditions de production

and, as such, it sweeps away by force the old conditions of production

alors, avec ces conditions, elle aura balayé les conditions d'existence des antagonismes de classes et des classes en général

then it will, along with these conditions, have swept away the conditions for the existence of class antagonisms and of classes generally

et aura ainsi aboli sa propre suprématie en tant que classe.

and will thereby have abolished its own supremacy as a class.

A la place de l'ancienne société bourgeoise, avec ses classes et ses antagonismes de classes, nous aurons une association

In place of the old Bourgeoisie society, with its classes and class antagonisms, we shall have an association

une association dans laquelle le libre développement de chacun est la condition du libre développement de tous

an association in which the free development of each is the condition for the free development of all

1) Socialisme Réactionnaire
1) Reactionary Socialism

***

a) Socialisme Féodal
a) Feudal Socialism

les aristocraties de France et d'Angleterre avaient une position historique unique
the aristocracies of France and England had a unique historical position

c'est devenu leur vocation d'écrire des pamphlets contre la société bourgeoise moderne
it became their vocation to write pamphlets against modern Bourgeoisie society

Dans la révolution française de juillet 1830 et dans l'agitation réformiste anglaise
In the French revolution of July 1830, and in the English reform agitation

Ces aristocraties succombèrent de nouveau à l'odieux parvenu
these aristocracies again succumbed to the hateful upstart

Dès lors, il n'était plus question d'une lutte politique sérieuse
Thenceforth, a serious political contest was altogether out of the question

Tout ce qui restait possible, c'était une bataille littéraire, pas une véritable bataille
All that remained possible was literary battle, not an actual battle

Mais même dans le domaine de la littérature, les vieux cris de la période de la restauration étaient devenus impossibles
But even in the domain of literature the old cries of the restoration period had become impossible

Pour s'attirer la sympathie, l'aristocratie était obligée de perdre de vue, semble-t-il, ses propres intérêts

In order to arouse sympathy, the aristocracy were obliged to lose sight, apparently, of their own interests

et ils ont été obligés de formuler leur réquisitoire contre la bourgeoisie dans l'intérêt de la classe ouvrière exploitée

and they were obliged to formulate their indictment against the Bourgeoisie in the interest of the exploited working class

C'est ainsi que l'aristocratie prit sa revanche en chantant des pamphlets sur son nouveau maître

Thus the aristocracy took their revenge by singing lampoons on their new master

et ils prirent leur revanche en lui murmurant à l'oreille de sinistres prophéties de catastrophe à venir

and they took their revenge by whispering in his ears sinister prophecies of coming catastrophe

C'est ainsi qu'est né le socialisme féodal : moitié lamentation, moitié moquerie

In this way arose Feudal Socialism: half lamentation, half lampoon

Il sonnait comme un demi-écho du passé, et projetait une demi-menace de l'avenir

it rung as half echo of the past, and projected half menace of the future

parfois, par sa critique acerbe, spirituelle et incisive, il frappait la bourgeoisie au plus profond de lui-même

at times, by its bitter, witty and incisive criticism, it struck the Bourgeoisie to the very heart's core

mais elle a toujours été ridicule dans son effet, par l'incapacité totale de comprendre la marche de l'histoire moderne

but it was always ludicrous in its effect, through total incapacity to comprehend the march of modern history

L'aristocratie, pour rallier le peuple à elle, agitait le sac d'aumône prolétarien en guise de bannière

The aristocracy, in order to rally the people to them, waved the proletarian alms-bag in front for a banner

Mais le peuple, toutes les fois qu'il se joignait à lui, voyait sur son arrière-train les anciennes armoiries féodales

But the people, so often as it joined them, saw on their hindquarters the old feudal coats of arms

et ils désertèrent avec des rires bruyants et irrévérencieux

and they deserted with loud and irreverent laughter

Une partie des légitimistes français et de la « Jeune Angleterre » offrit ce spectacle

One section of the French Legitimists and "Young England" exhibited this spectacle

les féodaux ont fait remarquer que leur mode d'exploitation était différent de celui de la bourgeoisie

the feudalists pointed out that their mode of exploitation was different to that of the Bourgeoisie

Les féodaux oublient qu'ils ont exploité dans des circonstances et des conditions tout à fait différentes

the feudalists forget that they exploited under circumstances and conditions that were quite different

Et ils n'ont pas remarqué que de telles méthodes d'exploitation sont maintenant désuètes

and they didn't notice such methods of exploitation are now antiquated

Ils ont montré que, sous leur domination, le prolétariat moderne n'a jamais existé

they showed that, under their rule, the modern proletariat never existed

mais ils oublient que la bourgeoisie moderne est le produit nécessaire de leur propre forme de société

but they forget that the modern Bourgeoisie is the necessary offspring of their own form of society

Pour le reste, ils dissimulent à peine le caractère réactionnaire de leur critique

For the rest, they hardly conceal the reactionary character of their criticism

Leur principale accusation contre la bourgeoisie se résume à ceci

their chief accusation against the Bourgeoisie amounts to the following

sous le régime bourgeois, une classe sociale se développe

under the Bourgeoisie regime a social class is being developed

Cette classe sociale est destinée à découper de fond en comble l'ancien ordre de la société

this social class is destined to cut up root and branch the old order of society

Ce qu'ils reprochent à la bourgeoisie, ce n'est pas tant qu'elle crée un prolétariat

What they upbraid the Bourgeoisie with is not so much that it creates a proletariat

ce qu'ils reprochent à la bourgeoisie, c'est plutôt de créer un prolétariat révolutionnaire

what they upbraid the Bourgeoisie with is moreso that it creates a revolutionary proletariat

Dans la pratique politique, ils se joignent donc à toutes les mesures coercitives contre la classe ouvrière

In political practice, therefore, they join in all coercive measures against the working class

Et dans la vie ordinaire, malgré leurs phrases hautaines, ils s'abaissent à ramasser les pommes d'or tombées de l'arbre de l'industrie

and in ordinary life, despite their highfalutin phrases, they stoop to pick up the golden apples dropped from the tree of industry

et ils troquent la vérité, l'amour et l'honneur contre le commerce de la laine, du sucre de betterave et de l'eau-de-vie de pommes de terre

and they barter truth, love, and honour for commerce in wool, beetroot-sugar, and potato spirits

De même que le pasteur a toujours marché main dans la main avec le propriétaire foncier, il en a été de même du socialisme clérical et du socialisme féodal

As the parson has ever gone hand in hand with the landlord, so has Clerical Socialism with Feudal Socialism

Rien n'est plus facile que de donner à l'ascétisme chrétien une teinte socialiste

Nothing is easier than to give Christian asceticism a Socialist tinge

Le christianisme n'a-t-il pas déclamé contre la propriété privée, contre le mariage, contre l'État ?

Has not Christianity declaimed against private property, against marriage, against the State?

Le christianisme n'a-t-il pas prêché à la place de la charité et de la pauvreté ?

Has Christianity not preached in the place of these, charity and poverty?

Le christianisme ne prêche-t-il pas le célibat et la mortification de la chair, de la vie monastique et de l'Église mère ?

Does Christianity not preach celibacy and mortification of the flesh, monastic life and Mother Church?

Le socialisme chrétien n'est que l'eau bénite avec laquelle le prêtre consacre les brûlures du cœur de l'aristocrate

Christian Socialism is but the holy water with which the priest consecrates the heart-burnings of the aristocrat

b) Socialisme Petit-Bourgeois
b) Petty-Bourgeois Socialism

L'aristocratie féodale n'est pas la seule classe ruinée par la bourgeoisie
The feudal aristocracy was not the only class that was ruined by the Bourgeoisie
ce n'était pas la seule classe dont les conditions d'existence languissaient et périssaient dans l'atmosphère de la société bourgeoise moderne
it was not the only class whose conditions of existence pined and perished in the atmosphere of modern Bourgeoisie society
Les bourgeois médiévaux et les petits propriétaires paysans ont été les précurseurs de la bourgeoisie moderne
The medieval burgesses and the small peasant proprietors were the precursors of the modern Bourgeoisie
Dans les pays peu développés, tant au point de vue industriel que commercial, ces deux classes végètent encore côte à côte
In those countries which are but little developed, industrially and commercially, these two classes still vegetate side by side
et pendant ce temps, la bourgeoisie se lève à côté d'eux : industriellement, commercialement et politiquement
and in the meantime the Bourgeoisie rise up next to them: industrially, commercially, and politically
Dans les pays où la civilisation moderne s'est pleinement développée, une nouvelle classe de petite bourgeoisie s'est formée
In countries where modern civilisation has become fully developed, a new class of petty Bourgeoisie has been formed
cette nouvelle classe sociale oscille entre le prolétariat et la bourgeoisie
this new social class fluctuates between proletariat and Bourgeoisie
et elle se renouvelle sans cesse en tant que partie supplémentaire de la société bourgeoise

and it is ever renewing itself as a supplementary part of Bourgeoisie society

Cependant, les membres individuels de cette classe sont constamment précipités dans le prolétariat

The individual members of this class, however, are being constantly hurled down into the proletariat

ils sont aspirés par le prolétariat par l'action de la concurrence

they are sucked up by the proletariat through the action of competition

Au fur et à mesure que l'industrie moderne se développe, ils voient même approcher le moment où ils disparaîtront complètement en tant que section indépendante de la société moderne

as modern industry develops they even see the moment approaching when they will completely disappear as an independent section of modern society

ils seront remplacés, dans les manufactures, l'agriculture et le commerce, par des surveillants, des huissiers et des boutiquiers

they will be replaced, in manufactures, agriculture and commerce, by overlookers, bailiffs and shopmen

Dans des pays comme la France, où les paysans représentent bien plus de la moitié de la population

In countries like France, where the peasants constitute far more than half of the population

il était naturel qu'il y ait des écrivains qui se rangent du côté du prolétariat contre la bourgeoisie

it was natural that there there are writers who sided with the proletariat against the Bourgeoisie

dans leur critique du régime bourgeois, ils utilisaient l'étendard de la bourgeoisie paysanne et de la petite bourgeoisie

in their criticism of the Bourgeoisie regime they used the standard of the peasant and petty Bourgeoisie

et, du point de vue de ces classes intermédiaires, ils prennent le relais de la classe ouvrière

and from the standpoint of these intermediate classes they take up the cudgels for the working class

C'est ainsi qu'est né le socialisme petit-bourgeois, dont Sismondi était le chef de cette école, non seulement en France, mais aussi en Angleterre

Thus arose petty-Bourgeoisie Socialism, of which Sismondi was the head of this school, not only in France but also in England

Cette école du socialisme a disséqué avec une grande acuité les contradictions des conditions de la production moderne

This school of Socialism dissected with great acuteness the contradictions in the conditions of modern production

Cette école a mis à nu les excuses hypocrites des économistes

This school laid bare the hypocritical apologies of economists

Cette école prouva sans conteste les effets désastreux du machinisme et de la division du travail

This school proved, incontrovertibly, the disastrous effects of machinery and division of labour

elle prouvait la concentration du capital et de la terre entre quelques mains

it proved the concentration of capital and land in a few hands

elle a prouvé comment la surproduction conduit à des crises bourgeoises

it proved how overproduction leads to Bourgeoisie crises

il soulignait la ruine inévitable de la petite bourgeoisie et des paysans

it pointed out the inevitable ruin of the petty Bourgeoisie and peasant

la misère du prolétariat, l'anarchie de la production, les inégalités criantes dans la répartition des richesses

the misery of the proletariat, the anarchy in production, the crying inequalities in the distribution of wealth

Il a montré comment le système de production mène la guerre industrielle d'extermination entre les nations

it showed how the system of production leads the industrial war of extermination between nations

la dissolution des vieux liens moraux, des vieilles relations familiales, des vieilles nationalités

the dissolution of old moral bonds, of the old family relations, of the old nationalities

Dans ses objectifs positifs, cependant, cette forme de socialisme aspire à réaliser l'une des deux choses suivantes

In its positive aims, however, this form of Socialism aspires to achieve one of two things

soit elle vise à restaurer les anciens moyens de production et d'échange

either it aims to restore the old means of production and of exchange

et avec les anciens moyens de production, elle rétablirait les anciens rapports de propriété et l'ancienne société

and with the old means of production it would restore the old property relations, and the old society

ou bien elle vise à enfermer les moyens modernes de production et d'échange dans l'ancien cadre des rapports de propriété

or it aims to cramp the modern means of production and exchange into the old framework of the property relations

Dans un cas comme dans l'autre, elle est à la fois réactionnaire et utopique

In either case, it is both reactionary and Utopian

Ses derniers mots sont : guildes corporatives pour la fabrication, relations patriarcales dans l'agriculture

Its last words are: corporate guilds for manufacture, patriarchal relations in agriculture

En fin de compte, lorsque les faits historiques obstinés ont dispersé tous les effets enivrants de l'auto-tromperie

Ultimately, when stubborn historical facts had dispersed all
intoxicating effects of self-deception
**cette forme de socialisme se termina par un misérable accès
de pitié**
this form of Socialism ended in a miserable fit of pity

c) Le socialisme allemand, ou «Vrai» Socialisme
c) German, or "True" Socialism

**La littérature socialiste et communiste de France est née sous
la pression d'une bourgeoisie au pouvoir**
The Socialist and Communist literature of France originated
under the pressure of a Bourgeoisie in power
**Et cette littérature était l'expression de la lutte contre ce
pouvoir**
and this literature was the expression of the struggle against
this power
**elle a été introduite en Allemagne à une époque où la
bourgeoisie venait de commencer sa lutte contre
l'absolutisme féodal**
it was introduced into Germany at a time when the
Bourgeoisie had just begun its contest with feudal absolutism
**Les philosophes allemands, les prétendus philosophes et les
beaux esprits, s'emparèrent avidement de cette littérature**
German philosophers, would-be philosophers, and beaux
esprits, eagerly seized on this literature
**mais ils oubliaient que les écrits avaient émigré de France en
Allemagne sans apporter avec eux les conditions sociales
françaises**
but they forgot that the writings immigrated from France into
Germany without bringing the French social conditions along
**Au contact des conditions sociales allemandes, cette
littérature française perd toute sa signification pratique
immédiate**
In contact with German social conditions, this French
literature lost all its immediate practical significance

et la littérature communiste de France a pris un aspect purement littéraire dans les cercles académiques allemands

and the Communist literature of France assumed a purely literary aspect in German academic circles

Ainsi, les exigences de la première Révolution française n'étaient rien d'autre que les exigences de la « raison pratique »

Thus, the demands of the first French Revolution were nothing more than the demands of "Practical Reason"

et l'expression de la volonté de la bourgeoisie française révolutionnaire signifiait à leurs yeux la loi de la volonté pure

and the utterance of the will of the revolutionary French Bourgeoisie signified in their eyes the law of pure Will

il signifiait la Volonté telle qu'elle devait être ; de la vraie Volonté humaine en général

it signified Will as it was bound to be; of true human Will generally

Le monde des lettrés allemands ne consistait qu'à mettre les nouvelles idées françaises en harmonie avec leur ancienne conscience philosophique

The world of the German literati consisted solely in bringing the new French ideas into harmony with their ancient philosophical conscience

ou plutôt, ils ont annexé les idées françaises sans déserter leur propre point de vue philosophique

or rather, they annexed the French ideas without deserting their own philosophic point of view

Cette annexion s'est faite de la même manière que l'on s'approprie une langue étrangère, c'est-à-dire par la traduction

This annexation took place in the same way in which a foreign language is appropriated, namely, by translation

Il est bien connu comment les moines ont écrit des vies stupides de saints catholiques sur des manuscrits

It is well known how the monks wrote silly lives of Catholic Saints over manuscripts

les manuscrits sur lesquels les œuvres classiques de l'ancien paganisme avaient été écrites

the manuscripts on which the classical works of ancient heathendom had been written

Les lettrés allemands ont inversé ce processus avec la littérature française profane

The German literati reversed this process with the profane French literature

Ils ont écrit leurs absurdités philosophiques sous l'original français

They wrote their philosophical nonsense beneath the French original

Par exemple, sous la critique française des fonctions économiques de l'argent, ils ont écrit « L'aliénation de l'humanité »

For instance, beneath the French criticism of the economic functions of money, they wrote "Alienation of Humanity"

au-dessous de la critique française de l'État bourgeois, ils écrivaient « détrônement de la catégorie du général »

beneath the French criticism of the Bourgeoisie State they wrote "dethronement of the Category of the General"

L'introduction de ces phrases philosophiques à la fin des critiques historiques françaises qu'ils ont baptisées :

The introduction of these philosophical phrases at the back of the French historical criticisms they dubbed:

« Philosophie de l'action », « Vrai socialisme », « Science allemande du socialisme », « Fondement philosophique du socialisme », etc

"Philosophy of Action," "True Socialism," "German Science of Socialism," "Philosophical Foundation of Socialism," and so on

La littérature socialiste et communiste française est ainsi complètement émasculée

The French Socialist and Communist literature was thus completely emasculated

entre les mains des philosophes allemands, elle cessa
d'exprimer la lutte d'une classe contre l'autre

in the hands of the German philosophers it ceased to express
the struggle of one class with the other

et c'est ainsi que les philosophes allemands se sentaient
conscients d'avoir surmonté « l'unilatéralité française »

and so the German philosophers felt conscious of having
overcome "French one-sidedness"

Il n'avait pas à représenter de vraies exigences, mais plutôt
des exigences de vérité

it did not have to represent true requirements, rather, it
represented requirements of truth

il n'y avait pas d'intérêt pour le prolétariat, mais plutôt pour
la nature humaine

there was no interest in the proletariat, rather, there was
interest in Human Nature

l'intérêt était dans l'Homme en général, qui n'appartient à
aucune classe et n'a pas de réalité

the interest was in Man in general, who belongs to no class,
and has no reality

un homme qui n'existe que dans le royaume brumeux de la
fantaisie philosophique

a man who exists only in the misty realm of philosophical
fantasy

mais finalement, ce socialisme allemand d'écolier perdit
aussi son innocence pédante

but eventually this schoolboy German Socialism also lost its
pedantic innocence

la bourgeoisie allemande, et surtout la bourgeoisie
prussienne, luttait contre l'aristocratie féodale

the German Bourgeoisie, and especially the Prussian
Bourgeoisie fought against feudal aristocracy

la monarchie absolue de l'Allemagne et de la Prusse était
également combattue

the absolute monarchy of Germany and Prussia was also
being faught against

Et à son tour, la littérature du mouvement libéral est également devenue plus sérieuse

and in turn, the literature of the liberal movement also became more earnest

L'Allemagne a eu l'occasion longtemps souhaitée par le « vrai » socialisme de se voir offrir

Germany's long wished-for opportunity for "true" Socialism was offered

l'occasion de confronter le mouvement politique aux revendications socialistes

the opportunity of confronting the political movement with the Socialist demands

l'occasion de jeter les anathèmes traditionnels contre le libéralisme

the opportunity of hurling the traditional anathemas against liberalism

l'occasion d'attaquer le gouvernement représentatif et la concurrence bourgeoise

the opportunity to attack representative government and Bourgeoisie competition

Liberté de la presse bourgeoise, législation bourgeoise, liberté et égalité bourgeoise

Bourgeoisie freedom of the press, Bourgeoisie legislation, Bourgeoisie liberty and equality

Tout cela pourrait maintenant être critiqué dans le monde réel, plutôt que dans la fantaisie

all of these could now be critiqued in the real world, rather than in fantasy

L'aristocratie féodale et la monarchie absolue prêchaient depuis longtemps aux masses

feudal aristocracy and absolute monarchy had long preached to the masses

« L'ouvrier n'a rien à perdre, et il a tout à gagner »

"the working man has nothing to lose, and he has everything to gain"

le mouvement bourgeois offrait aussi une chance de se confronter à ces platitudes

the Bourgeoisie movement also offered a chance to confront these platitudes

la critique française présupposait l'existence d'une société bourgeoise moderne

the French criticism presupposed the existence of modern Bourgeoisie society

Conditions économiques d'existence de la bourgeoisie et constitution politique de la bourgeoisie

Bourgeoisie economic conditions of existence and Bourgeoisie political constitution

les choses mêmes dont la réalisation était l'objet de la lutte imminente en Allemagne

the very things whose attainment was the object of the pending struggle in Germany

L'écho stupide du socialisme en Allemagne a abandonné ces objectifs juste à temps

Germany's silly echo of socialism abandoned these goals just in the nick of time

Les gouvernements absolus avaient leur suite de pasteurs, de professeurs, d'écuyers de campagne et de fonctionnaires

the absolute governments had their following of parsons, professors, country squires and officials

le gouvernement de l'époque a répondu aux soulèvements de la classe ouvrière allemande par des coups de fouet et des balles

the government of the time met the German working-class risings with floggings and bullets

pour eux, ce socialisme était un épouvantail bienvenu contre la bourgeoisie menaçante

for them this socialism served as a welcome scarecrow against the threatening Bourgeoisie

et le gouvernement allemand a pu offrir un dessert sucré après les pilules amères qu'il a distribuées

and the German government was able to offer a sweet dessert after the bitter pills it handed out

ce « vrai » socialisme servait donc aux gouvernements d'arme pour combattre la bourgeoisie allemande

this "True" Socialism thus served the governments as a weapon for fighting the German Bourgeoisie

et, en même temps, il représentait directement un intérêt réactionnaire ; celle des Philistins allemands

and, at the same time, it directly represented a reactionary interest; that of the German Philistines

En Allemagne, la petite bourgeoisie est la véritable base sociale de l'état de choses actuel

In Germany the petty Bourgeoisie class is the real social basis of the existing state of things

une relique du XVIe siècle qui n'a cessé de surgir sous diverses formes

a relique of the sixteenth century that has constantly been cropping up under various forms

Conserver cette classe, c'est préserver l'état de choses existant en Allemagne

To preserve this class is to preserve the existing state of things in Germany

La suprématie industrielle et politique de la bourgeoisie menace la petite bourgeoisie d'une destruction certaine

The industrial and political supremacy of the Bourgeoisie threatens the petty Bourgeoisie with certain destruction

d'une part, elle menace de détruire la petite bourgeoisie par la concentration du capital

on the one hand, it threatens to destroy the petty Bourgeoisie through the concentration of capital

d'autre part, la bourgeoisie menace de la détruire par l'avènement d'un prolétariat révolutionnaire

on the other hand, the Bourgeoisie threatens to destroy it through the rise of a revolutionary proletariat

Le « vrai » socialisme semblait faire d'une pierre deux coups. Il s'est répandu comme une épidémie

"True" Socialism appeared to kill these two birds with one stone. It spread like an epidemic

La robe de toiles d'araignées spéculatives, brodée de fleurs de rhétorique, trempée dans la rosée du sentiment maladif

The robe of speculative cobwebs, embroidered with flowers of rhetoric, steeped in the dew of sickly sentiment

cette robe transcendantale dans laquelle les socialistes allemands enveloppaient leurs tristes « vérités éternelles »

this transcendental robe in which the German Socialists wrapped their sorry "eternal truths"

tout de peau et d'os, servaient à augmenter merveilleusement la vente de leurs marchandises auprès d'un public aussi

all skin and bone, served to wonderfully increase the sale of their goods amongst such a public

Et de son côté, le socialisme allemand reconnaissait de plus en plus sa propre vocation

And on its part, German Socialism recognised, more and more, its own calling

on l'appelait à être le représentant grandiloquent de la petite-bourgeoisie philistine

it was called to be the bombastic representative of the petty-Bourgeoisie Philistine

Il proclamait que la nation allemande était la nation modèle, et le petit philistin allemand l'homme modèle

It proclaimed the German nation to be the model nation, and German petty Philistine the model man

À chaque méchanceté de cet homme modèle, elle donnait une interprétation socialiste cachée, plus élevée

To every villainous meanness of this model man it gave a hidden, higher, Socialistic interpretation

cette interprétation socialiste supérieure était l'exact contraire de son caractère réel

this higher, Socialistic interpretation was the exact contrary of its real character

**Il est allé jusqu'à s'opposer directement à la tendance «
brutalement destructrice » du communisme**

It went to the extreme length of directly opposing the "brutally
destructive" tendency of Communism

**et il proclamait son mépris suprême et impartial de toutes
les luttes de classes**

and it proclaimed its supreme and impartial contempt of all
class struggles

**À de très rares exceptions près, toutes les publications dites
socialistes et communistes qui circulent aujourd'hui (1847)
en Allemagne appartiennent au domaine de cette littérature
nauséabonde et énervante**

With very few exceptions, all the so-called Socialist and
Communist publications that now (1847) circulate in Germany
belong to the domain of this foul and enervating literature

2) Socialisme Conservateur ou Socialisme Bourgeois
2) Consiervative Socialism, or Bourgeoisie Socialism

Une partie de la bourgeoisie est désireuse de redresser les griefs sociaux
A part of the Bourgeoisie is desirous of redressing social grievances
afin d'assurer la pérennité de la société bourgeoise
in order to secure the continued existence of Bourgeoisie society
C'est à cette section qu'appartiennent les économistes, les philanthropes, les humanitaires
To this section belong economists, philanthropists, humanitarians
améliorateurs de la condition de la classe ouvrière et organisateurs de la charité
improvers of the condition of the working class and organisers of charity
membres des sociétés de prévention de la cruauté envers les animaux
members of societies for the prevention of cruelty to animals
fanatiques de la tempérance, réformateurs de toutes sortes imaginables
temperance fanatics, hole-and-corner reformers of every imaginable kind
Cette forme de socialisme a, d'ailleurs, été élaborée en systèmes complets
This form of Socialism has, moreover, been worked out into complete systems
On peut citer la « Philosophie de la Misère » de Proudhon comme exemple de cette forme
We may cite Proudhon's "Philosophie de la Misère" as an example of this form
La bourgeoisie socialiste veut tous les avantages des conditions sociales modernes

The Socialistic Bourgeoisie want all the advantages of modern social conditions

mais la bourgeoisie socialiste ne veut pas nécessairement des luttes et des dangers qui en résultent

but the Socialistic Bourgeoisie don't necessarily want the resulting struggles and dangers

Ils désirent l'état actuel de la société, sans ses éléments révolutionnaires et désintégrateurs

They desire the existing state of society, minus its revolutionary and disintegrating elements

c'est-à-dire qu'ils veulent une bourgeoisie sans prolétariat

in other words, they wish for a Bourgeoisie without a proletariat

La bourgeoisie conçoit naturellement le monde dans lequel elle est souveraine d'être la meilleure

The Bourgeoisie naturally conceives the world in which it is supreme to be the best

et le socialisme bourgeois développe cette conception confortable en divers systèmes plus ou moins complets

and Bourgeoisie Socialism develops this comfortable conception into various more or less complete systems

ils voudraient beaucoup que le prolétariat marche droit dans la Nouvelle Jérusalem sociale

they would very much like the proletariat to march straightway into the social New Jerusalem

Mais en réalité, elle exige du prolétariat qu'il reste dans les limites de la société existante

but in reality it requires the proletariat to remain within the bounds of existing society

ils demandent au prolétariat de se débarrasser de toutes ses idées haineuses sur la bourgeoisie

they ask the proletariat to cast away all their hateful ideas concerning the Bourgeoisie

il y a une seconde forme plus pratique, mais moins systématique, de ce socialisme

there is a second more practical, but less systematic, form of this Socialism

Cette forme de socialisme cherchait à déprécier tout mouvement révolutionnaire aux yeux de la classe ouvrière

this form of socialism sought to depreciate every revolutionary movement in the eyes of the working class

Ils soutiennent qu'aucune simple réforme politique ne pourrait leur être d'un quelconque avantage

they argue no mere political reform could be of any advantage to them

Seul un changement dans les conditions matérielles d'existence dans les relations économiques est bénéfique

only a change in the material conditions of existence in economic relations are of benefit

Comme le communisme, cette forme de socialisme prône un changement des conditions matérielles d'existence

like communism, this form of socialism advocates for a change in the material conditions of existence

Cependant, cette forme de socialisme ne suggère nullement l'abolition des rapports de production bourgeois

however, this form of socialism by no means suggests the abolition of the Bourgeoisie relations of production

l'abolition des rapports de production bourgeois ne peut se faire que par la révolution

the abolition of the Bourgeoisie relations of production can only be achieved through a revolution

Mais au lieu d'une révolution, cette forme de socialisme suggère des réformes administratives

but instead of a revolution, this form of socialism suggests administrative reforms

et ces réformes administratives seraient fondées sur la pérennité de ces relations

and these administrative reforms would be based on the continued existence of these relations

réformes qui n'affectent en rien les rapports entre le capital et le travail

reforms, therefore, that in no respect affect the relations between capital and labour

au mieux, de telles réformes réduisent le coût et simplifient le travail administratif du gouvernement bourgeois

at best, such reforms lessen the cost and simplify the administrative work of Bourgeoisie government

Le socialisme bourgeois atteint une expression adéquate lorsque, et seulement lorsque, il devient une simple figure de style

Bourgeois Socialism attains adequate expression, when, and only when, it becomes a mere figure of speech

Le libre-échange : au profit de la classe ouvrière

Free trade: for the benefit of the working class

Les devoirs protecteurs : au profit de la classe ouvrière

Protective duties: for the benefit of the working class

Réforme pénitentiaire : au profit de la classe ouvrière

Prison Reform: for the benefit of the working class

C'est le dernier mot et le seul mot sérieux du socialisme bourgeois

This is the last word and the only seriously meant word of Bourgeoisie Socialism

Elle se résume dans la phrase : la bourgeoisie est une bourgeoisie au profit de la classe ouvrière

It is summed up in the phrase: the Bourgeoisie is a Bourgeoisie for the benefit of the working class

3) Critique du Socialisme et du Communisme Utopiques

3) Criticam-Utopian Socialism and Communism

Nous ne nous référons pas ici à la littérature qui a toujours donné la parole aux revendications du prolétariat

We do not here refer to that literature which has always given voice to the demands of the proletariat

cela a été présent dans toutes les grandes révolutions modernes, comme les écrits de Babeuf et d'autres

this has been present in every great modern revolution, such as the writings of Babeuf and others

Les premières tentatives directes du prolétariat pour parvenir à ses propres fins échouèrent nécessairement

The first direct attempts of the proletariat to attain its own ends necessarily failed

Ces tentatives ont été faites dans des temps d'effervescence universelle, lorsque la société féodale était renversée

these attempts were made in times of universal excitement, when feudal society was being overthrown

L'état alors peu développé du prolétariat a conduit à l'échec de ces tentatives

the then undeveloped state of the proletariat led to those attempts failing

et ils ont échoué en raison de l'absence des conditions économiques pour son émancipation

and they failed due to the absence of the economic conditions for its emancipation

conditions qui n'avaient pas encore été produites, et qui ne pouvaient être produites que par l'époque de la bourgeoisie

conditions that had yet to be produced, and could be produced by the impending Bourgeoisie epoch alone

La littérature révolutionnaire qui accompagnait ces premiers mouvements du prolétariat avait nécessairement un caractère réactionnaire

The revolutionary literature that accompanied these first movements of the proletariat had necessarily a reactionary character

Cette littérature inculquait l'ascétisme universel et le nivellement social dans sa forme la plus grossière

This literature inculcated universal asceticism and social levelling in its crudest form

Les systèmes socialistes et communistes, proprement dits, naissent au début de la période sous-développée

The Socialist and Communist systems, properly so called, spring into existence in the early undeveloped period

Saint-Simon, Fourier, Owen et d'autres, ont décrit la lutte entre le prolétariat et la bourgeoisie (voir section 1)

Saint-Simon, Fourier, Owen and others, described the struggle between proletariat and Bourgeoisie (see Section 1)

Les fondateurs de ces systèmes voient, en effet, les antagonismes de classe

The founders of these systems see, indeed, the class antagonisms

Ils voient aussi l'action des éléments en décomposition, dans la forme dominante de la société

they also see the action of the decomposing elements, in the prevailing form of society

Mais le prolétariat, encore à ses débuts, leur offre le spectacle d'une classe sans aucune initiative historique

But the proletariat, as yet in its infancy, offers to them the spectacle of a class without any historical initiative

Ils voient le spectacle d'une classe sociale sans aucun mouvement politique indépendant

they see the spectacle of a social class without any independent political movement

Le développement de l'antagonisme de classe va de pair avec le développement de l'industrie

the development of class antagonism keeps even pace with the development of industry

La situation économique ne leur offre donc pas encore les conditions matérielles de l'émancipation du prolétariat

so the economic situation does not as yet offer to them the material conditions for the emancipation of the proletariat

Ils cherchent donc une nouvelle science sociale, de nouvelles lois sociales, qui doivent créer ces conditions

They therefore search after a new social science, after new social laws, that are to create these conditions

l'action historique, c'est céder à leur action inventive personnelle

historical action is to yield to their personal inventive action

Les conditions d'émancipation créées historiquement doivent céder la place à des conditions fantastiques

historically created conditions of emancipation are to yield to fantastic conditions

et l'organisation de classe graduelle et spontanée du prolétariat doit céder la place à l'organisation de la société

and the gradual, spontaneous class-organisation of the proletariat is to yield to the organisation of society

l'organisation de la société spécialement conçue par ces inventeurs

the organisation of society specially contrived by these inventors

L'histoire future se résout, à leurs yeux, dans la propagande et l'exécution pratique de leurs projets sociaux

Future history resolves itself, in their eyes, into the propaganda and the practical carrying out of their social plans

Dans l'élaboration de leurs plans, ils ont conscience de s'occuper avant tout des intérêts de la classe ouvrière

In the formation of their plans they are conscious of caring chiefly for the interests of the working class

Ce n'est que du point de vue d'être la classe la plus souffrante que le prolétariat existe pour eux

Only from the point of view of being the most suffering class does the proletariat exist for them

L'état sous-développé de la lutte des classes et leur propre environnement informent leurs opinions

The undeveloped state of the class struggle and their own surroundings inform their opinions

Les socialistes de ce genre se considèrent comme bien supérieurs à tous les antagonismes de classe

Socialists of this kind consider themselves far superior to all class antagonisms

Ils veulent améliorer la condition de tous les membres de la société, même celle des plus favorisés

They want to improve the condition of every member of society, even that of the most favoured

Par conséquent, ils s'adressent habituellement à la société dans son ensemble, sans distinction de classe

Hence, they habitually appeal to society at large, without distinction of class

Bien plus, ils font appel à la société dans son ensemble de préférence à la classe dirigeante

nay, they appeal to society at large by preference to the ruling class

Pour eux, tout ce qu'il faut, c'est que les autres comprennent leur système

to them, all it requires is for others to understand their system

Car comment les gens peuvent-ils ne pas voir que le meilleur plan possible est le meilleur état possible de la société ?

because how can people fail to see that the best possible plan is for the best possible state of society?

C'est pourquoi ils rejettent toute action politique, et surtout toute action révolutionnaire

Hence, they reject all political, and especially all revolutionary, action

ils veulent arriver à leurs fins par des moyens pacifiques

they wish to attain their ends by peaceful means

ils s'efforcent, par de petites expériences, qui sont nécessairement vouées à l'échec

they endeavour, by small experiments, which are necessarily doomed to failure

et par la force de l'exemple, ils essaient d'ouvrir la voie au nouvel Évangile social

and by the force of example they try to pave the way for the new social Gospel

De tels tableaux fantastiques de la société future, peints à une époque où le prolétariat est encore dans un état très sous-développé

Such fantastic pictures of future society, painted at a time when the proletariat is still in a very undeveloped state

et il n'a encore qu'une conception fantasmatique de sa propre position

and it still has but a fantastical conception of its own position

Mais leurs premières aspirations instinctives correspondent aux aspirations du prolétariat

but their first instinctive yearnings correspond with the yearnings of the proletariat

L'un et l'autre aspirent à une reconstruction générale de la société

both yearn for a general reconstruction of society

Mais ces publications socialistes et communistes contiennent aussi un élément critique

But these Socialist and Communist publications also contain a critical element

Ils s'attaquent à tous les principes de la société existante

They attack every principle of existing society

C'est pourquoi ils sont remplis des matériaux les plus précieux pour l'illumination de la classe ouvrière

Hence they are full of the most valuable materials for the enlightenment of the working class

Ils proposent l'abolition de la distinction entre la ville et la campagne, et la famille

they propose abolition of the distinction between town and country, and the family

la suppression de l'exercice de l'industrie pour le compte des particuliers

the abolition of the carrying on of industries for the account of private individuals

et l'abolition du salariat et la proclamation de l'harmonie sociale

and the abolition of the wage system and the proclamation of social harmony

la transformation des fonctions de l'État en une simple surveillance de la production

the conversion of the functions of the State into a mere superintendence of production

Toutes ces propositions ne pointent que vers la disparition des antagonismes de classe

all these proposals, point solely to the disappearance of class antagonisms

Les antagonismes de classe ne faisaient alors que surgir

class antagonisms were, at that time, only just cropping up

Dans ces publications, ces antagonismes de classe ne sont reconnus que dans leurs formes les plus anciennes, indistinctes et indéfinies

in these publications these class antagonisms are recognised in their earliest, indistinct and undefined forms only

Ces propositions ont donc un caractère purement utopique

These proposals, therefore, are of a purely Utopian character

La signification du socialisme et du communisme critiques-utopiques est en relation inverse avec le développement historique

The significance of Critical-Utopian Socialism and Communism bears an inverse relation to historical development

La lutte de classe moderne se développera et continuera à prendre une forme définitive

the modern class struggle will develop and continue to take definite shape

Cette réputation fantastique du concours perdra toute valeur pratique

this fantastic standing from the contest will lose all practical value

Ces attaques fantastiques contre les antagonismes de classe perdront toute justification théorique

these fantastic attacks on class antagonisms will lose all theoretical justification

Les initiateurs de ces systèmes étaient, à bien des égards, révolutionnaires

the originators of these systems were, in many respects, revolutionary

Mais leurs disciples n'ont, dans tous les cas, formé que des sectes réactionnaires

but their disciples have, in every case, formed mere reactionary sects

Ils s'en tiennent fermement aux vues originales de leurs maîtres

They hold tightly to the original views of their masters

Mais ces vues s'opposent au développement historique progressif du prolétariat

but these views are in opposition to the progressive historical development of the proletariat

Ils s'efforcent donc, et cela constamment, d'étouffer la lutte des classes

They, therefore, endeavour, and that consistently, to deaden the class struggle

et ils s'efforcent constamment de concilier les antagonismes de classe

and they consistently endeavour to reconcile the class antagonisms

Ils rêvent encore de la réalisation expérimentale de leurs utopies sociales

They still dream of experimental realisation of their social Utopias

ils rêvent encore de fonder des « phalanstères » isolés et d'établir des « colonies d'origine »

they still dream of founding isolated "phalansteres" and establishing "Home Colonies"

ils rêvent de mettre en place une « Petite Icarie » – éditions duodecimo de la Nouvelle Jérusalem

they dream of setting up a "Little Icaria"—duodecimo editions of the New Jerusalem

Et ils rêvent de réaliser tous ces châteaux dans les airs

and they dream to realise all these castles in the air

Ils sont obligés de faire appel aux sentiments et aux bourses des bourgeois

they are compelled to appeal to the feelings and purses of the bourgeois

Peu à peu, ils s'enfoncent dans la catégorie des socialistes conservateurs réactionnaires décrits ci-dessus

By degrees they sink into the category of the reactionary conservative Socialists depicted above

ils ne diffèrent de ceux-ci que par une pédanterie plus systématique

they differ from these only by more systematic pedantry

et ils diffèrent par leur croyance fanatique et superstitieuse aux effets miraculeux de leur science sociale

and they differ by their fanatical and superstitious belief in the miraculous effects of their social science

Ils s'opposent donc violemment à toute action politique de la part de la classe ouvrière

They, therefore, violently oppose all political action on the part of the working class

une telle action, selon eux, ne peut résulter que d'une incrédulité aveugle dans le nouvel Évangile

such action, according to them, can only result from blind unbelief in the new Gospel

Les owénistes en Angleterre et les fouriéristes en France s'opposent respectivement aux chartistes et aux réformistes

The Owenites in England, and the Fourierists in France, respectively, oppose the Chartists and the "Réformistes"

Position des Communistes par Rapport aux Différents Partis d'Opposition Existants
- Position of the Communists in Relation to the Various Existing Opposision Parties -

La section II a mis en évidence les relations des communistes avec les partis ouvriers existants

Section II has made clear the relations of the Communists to the existing working-class parties

comme les chartistes en Angleterre et les réformateurs agraires en Amérique

such as the Chartists in England, and the Agrarian Reformers in America

Les communistes luttent pour la réalisation des objectifs immédiats

The Communists fight for the attainment of the immediate aims

Ils luttent pour l'application des intérêts momentanés de la classe ouvrière

they fight for the enforcement of the momentary interests of the working class

Mais dans le mouvement politique d'aujourd'hui, ils représentent et s'occupent aussi de l'avenir de ce mouvement

but in the political movement of the present, they also represent and take care of the future of that movement

En France, les communistes s'allient avec les social-démocrates

In France the Communists ally themselves with the Social-Democrats

et ils se positionnent contre la bourgeoisie conservatrice et radicale

and they position themselves against the conservative and radical Bourgeoisie

cependant, ils se réservent le droit d'adopter une position critique à l'égard des phrases et des illusions traditionnellement héritées de la grande Révolution

however, they reserve the right to take up a critical position in regard to phrases and illusions traditionally handed down from the great Revolution

En Suisse, ils soutiennent les radicaux, sans perdre de vue que ce parti est composé d'éléments antagonistes

In Switzerland they support the Radicals, without losing sight of the fact that this party consists of antagonistic elements

en partie des socialistes démocrates, au sens français du terme, en partie de la bourgeoisie radicale

partly of Democratic Socialists, in the French sense, partly of radical Bourgeoisie

En Pologne, ils soutiennent le parti qui insiste sur la révolution agraire comme condition première de l'émancipation nationale

In Poland they support the party that insists on an agrarian revolution as the prime condition for national emancipation

ce parti qui fomenta l'insurrection de Cracovie en 1846

that party which fomented the insurrection of Cracow in 1846

En Allemagne, ils luttent avec la bourgeoisie chaque fois qu'elle agit de manière révolutionnaire

In Germany they fight with the Bourgeoisie whenever it acts in a revolutionary way

contre la monarchie absolue, l'escroc féodal et la petite bourgeoisie

against the absolute monarchy, the feudal squirearchy, and the petty Bourgeoisie

Mais ils ne cessent jamais, un seul instant, inculquer à la classe ouvrière une idée particulière

But they never cease, for a single instant, to instil into the working class one particular idea

la reconnaissance la plus claire possible de l'antagonisme hostile entre la bourgeoisie et le prolétariat

the clearest possible recognition of the hostile antagonism
between Bourgeoisie and proletariat

**afin que les ouvriers allemands puissent immédiatement
utiliser les armes dont ils disposent**

so that the German workers may straightaway use the
weapons at their disposal

**les conditions sociales et politiques que la bourgeoisie doit
nécessairement introduire en même temps que sa
suprématie**

the social and political conditions that the Bourgeoisie must
necessarily introduce along with its supremacy

**la chute des classes réactionnaires en Allemagne est
inévitable**

the fall of the reactionary classes in Germany is inevitable

**et alors la lutte contre la bourgeoisie elle-même peut
commencer immédiatement**

and then the fight against the Bourgeoisie itself may
immediately begin

**Les communistes tournent leur attention principalement
vers l'Allemagne, parce que ce pays est à la veille d'une
révolution bourgeoise**

The Communists turn their attention chiefly to Germany,
because that country is on the eve of a Bourgeoisie revolution

**une révolution qui ne manquera pas de s'accomplir dans des
conditions plus avancées de la civilisation européenne**

a revolution that is bound to be carried out under more
advanced conditions of European civilisation

**Et elle ne manquera pas de se faire avec un prolétariat
beaucoup plus développé**

and it is bound to be carried out with a much more developed
proletariat

**un prolétariat plus avancé que celui de l'Angleterre au XVIIe
siècle, et celui de la France au XVIIIe siècle**

a proletariat more advanced than that of England was in the
seventeenth, and of France in the eighteenth century

et parce que la révolution bourgeoise en Allemagne ne sera que le prélude d'une révolution prolétarienne qui suivra immédiatement

and because the Bourgeoisie revolution in Germany will be but the prelude to an immediately following proletarian revolution

Bref, partout les communistes soutiennent tout mouvement révolutionnaire contre l'ordre social et politique existant

In short, the Communists everywhere support every revolutionary movement against the existing social and political order of things

Dans tous ces mouvements, ils mettent au premier plan, comme la question maîtresse de chacun d'eux, la question de la propriété

In all these movements they bring to the front, as the leading question in each, the property question

quel que soit son degré de développement dans ce pays à ce moment-là

no matter what its degree of development is in that country at the time

Enfin, ils œuvrent partout pour l'union et l'accord des partis démocratiques de tous les pays

Finally, they labour everywhere for the union and agreement of the democratic parties of all countries

Les communistes dédaignent de dissimuler leurs vues et leurs objectifs

The Communists disdain to conceal their views and aims

Ils déclarent ouvertement que leurs fins ne peuvent être atteintes que par le renversement par la force de toutes les conditions sociales existantes

They openly declare that their ends can be attained only by the forcible overthrow of all existing social conditions

Que les classes dirigeantes tremblent devant une révolution communiste

Let the ruling classes tremble at a Communistic revolution

Les prolétaires n'ont rien d'autre à perdre que leurs chaînes
The proletarians have nothing to lose but their chains
Ils ont un monde à gagner
They have a world to win
TRAVAILLEURS DE TOUS LES PAYS, UNISSEZ-VOUS !
WORKING MEN OF ALL COUNTRIES, UNITE!